JOSEPH CAMPBELL
o maestro dos mitos

CARLOS ALDEMIR FARIAS

JOSEPH CAMPBELL
o maestro dos mitos

Palas Athena
2021

Copyright ©2021 Carlos Aldemir Farias da Silva

Coordenação editorial
Lia Diskin

Foto da capa
Joseph Campbell
© Joseph Campbell Foundation (jcf.org)
Used with permission.

Revisão
Affonso Henriques Real Nunes
Rafael Martins Rocha
Tiago Velasco

Projeto gráfico, capa e diagramação
Waldelino Duarte

Conselho Editorial
Basilio Pawlowicz
Fernando Stanziani
Lucia Benfatti
Luiz Marcello de Azevedo Filho
Rejane Moura
Tônia Van Acker

Grafia segundo o Acordo Ortográfico da Língua Portuguesa de 1990, que entrou em vigor no Brasil em 2009.

Dados Internacionais de Catalogação na Publicação (CIP)
(Câmara Brasileira do Livro, SP, Brasil)

Farias, Carlos Aldemir
 Joseph Campbell: o maestro dos mitos / Carlos Aldemir Farias. -- 1. ed. -- São Paulo: Palas Athena Editora, 2021.

 ISBN 978-65-86864-11-3

 1. Campbell, Joseph, 1904-1987 2. Filosofia e religião 3. Mitologia 4. Mito I. Título.

20-49392   CDD-291.13

Índices para catálogo sistemático:
1. Mitologia 291.13
Maria Alice Ferreira - Bibliotecária - CRB-8/7964

Março de 2021.
Todos os direitos reservados e protegidos pela Lei 9610 de 19 de fevereiro de 1998.
É proibida a reprodução total ou parcial, por quaisquer meios, sem autorização prévia, por escrito, da Editora.

Palas Athena Editora
Alameda Lorena, 355, Jardim Paulista, 01424-001 São Paulo, SP, Brasil
Telefone (11) 3050-6188
www.palasathena.org.br
editora@palasathena.org.br

Agradecimentos

Durante o processo de pesquisa e produção que originou este livro, contei com o apoio afetivo e epistemológico de profissionais, de amigos e de instituições que me possibilitaram organizar minhas próprias ideias. Reconheço que, sem a presença vital desses interlocutores, este livro não assumiria esse formato final. Minha gratidão a Edgard de Assis Carvalho, meu orientador de doutorado na PUC São Paulo. Aos colegas professores e amigos Iran Abreu Mendes, Maria da Conceição Xavier de Almeida, Teresa Vergani, Lúcia Helena Vitalli Rangel, Maria Margarida Cavalcanti Limena, Lucia Benfatti e Margarida Maria Knobbe. Ao casal Ubiratan D'Ambrosio e Maria José, amigos generosos e estimados. A Robert Walter, ex-presidente da Fundação Joseph Campbell, pela autorização dos direitos de uso das fotografias de Joseph Campbell neste livro. À CAPES, ao COMPLEXUS (PUCSP), ao GRECOM (UFRN), à Associação Palas Athena e, em especial, à Palas Athena Editora, em nome de Lia Diskin, por abraçar o projeto de edição deste livro. Sou grato, ainda, à minha família, *tópos* do acaso de minha existência no mundo.

À memória de Nenzinha Farias (1918-2002),
minha adorada e inesquecível
avó materna.

A mitologia é a canção do universo e todos os homens,
independentemente de qualquer condição,
fazem parte desse imenso coral.

Joseph Campbell

Sumário

Abertura..13
    Lia Diskin

Apresentação...17
    Maria da Conceição de Almeida

Prefácio..23
    Edgard de Assis Carvalho

Introdução...27

Trajetórias...39
    Fragmentos de vida e obra...39
    O despertar pelos mitos..43
    Artes no Velho Mundo...62
    Monomito...81
    Conferências Eranos...86
    Paternidades teóricas...91
    Ecos dos escritos campbellianos....................................102

MITOLOGIAS 107
    O mito na sociedade moderna 107
    Mito e *logos* 109
    Alimentos da alma 115
    O canto do Universo 118

RESSONÂNCIAS 123
    Campbell no cinema 123
    Campbell no Brasil 139
    Sincronicidades e afetos 148
    Uma entrevista com Lia Diskin 148
    Uma entrevista com Lucia Benfatti 158

ICONOGRAFIA 163

REFERÊNCIAS 173

FILMOGRAFIA 181

SITES 183

APÊNDICES 185
    Principais publicações de Joseph Campbell 185

O AUTOR 197

Abertura

Na Grécia Clássica, encontramos uma profusão de reflexões em torno do tempo. Algumas vezes, há uma clara distinção entre a medida linear de um movimento ou período (*chronos*), outras vezes, a do momento oportuno, certo, maduro, auspicioso (*kairós*).

Este livro de Carlos Aldemir Farias, sobre a vida e o legado de um dos mais notáveis estudiosos das mitologias mundiais, chega ao público brasileiro em um tempo oportuno, isto é, quando estão dadas as condições necessárias para se perceber a relevância das pesquisas de Joseph Campbell no âmbito do potencial criativo formador de culturas e civilizações, que se sucedem sem interrupção desde os primórdios da espécie humana.

Nessa polifonia que ecoa na mente dos visionários, chegamos a um porto inusitado, improvável. Trata-se do fenômeno *Star Wars*, saga criada por George Lucas que, apesar de situar-se em "tempos líquidos", fugazes, de inovações que já nascem com data de validade, continua cativando o imaginário de gerações ao longo das últimas quatro décadas. E tudo indica que milhões de novos seguidores engrossarão as fileiras nos cinemas do mundo todo para acompanharem a série que se tornou uma das mais bem-sucedidas do *show business* norte-americano.

O que poucos de seus admiradores sabem é que George Lucas encontrou o fio de Ariadne na obra de Joseph Campbell. "Escrevi muitos rascunhos do roteiro e, de repente, tropecei em *O herói de mil faces*" — disse em um evento no *National Arts Club* de Nova York, em 1985. E acrescenta: "Após ler o livro, eu disse a mim mesmo: É isso o que eu estava fazendo. É isso mesmo [...]. Aqui está a história. Aqui está o fim. Aqui está a forma que engloba tudo. Após ler mais livros de Campbell — *As máscaras de Deus, O voo do pássaro selvagem* — compreendi que aí estava o que me permitiria avançar, e que se não tivesse cruzado com Campbell, ainda estaria escrevendo o roteiro de *Star Wars*".

Eis a razão pela qual a publicação da obra *Joseph Campbell: o maestro dos mitos* chega em hora oportuna. Ela nos permite compreender, mediante a minuciosa pesquisa de seu autor, o poder renovador dos sinais e significados que guardam os mitos, as lendas, os ritos, sinais e significados que atravessam os horizontes culturais e temporais em que emergiram, porque falam a língua universal da necessidade e da condição humanas — conferindo sentido à façanha fugaz e cotidiana de viver na imensidão do universo a partir do profundo mistério interior que nos alenta.

Fiel ao propósito de sustentar um diálogo permanente entre mito e razão, Carlos Aldemir Farias analisa as influências recebidas por Joseph Campbell, que vão de Darwin a Schopenhauer, de Freud e Jung a Thomas Mann, de Adolf Bastian a Heinrich Zimmer. Esse vasto repertório oferece espaço para abordar Campbell sob diferentes ângulos: o do antropólogo, do mitólogo, do estudioso das religiões, do filósofo e do epistemólogo. Deles todos emerge o *monomito*, a compreensão de "um padrão universal que é a essência e a característica das lendas heroicas de todas as culturas" e que vai permitir afirmar a tese campbelliana de que a unidade da nossa espécie não se encontra apenas na estrutura biológica, mas também na história espiritual.

Celebramos a publicação desta obra pela sua dupla vocação: primeiramente, por nos aproximar desse genial contador de histórias que arrebatava auditórios lotados de admiradores, tanto na Europa quanto nos

Estados Unidos; desse persistente garimpeiro de narrativas ancestrais que guardam os segredos das buscas humanas. Em segundo lugar, por tornar acessíveis ideias complexas que permeiam a extensa obra de Campbell, reconciliando profundidade e fluidez, luz e sombras, etéreo e tangível, visto que, nas palavras do próprio Campbell: "Se o universo se manifestar através de todas as coisas, o universo se tornará, por assim dizer, uma pintura sagrada".

LIA DISKIN
Associação Palas Athena
São Paulo, 2020.

Apresentação

No interior dos fluxos mais vivos de reorganização das ciências modernas, sempre pulsaram reservas poéticas, impulsos cognitivos de criação não racionalizáveis, imagens arquetípicas não traduzíveis mimeticamente pelas objetivações da realidade. Daí porque, para que se imponham como argamassa de narrativas fundadoras da cultura e da condição humana, tais fluxos — forças primordiais de criação — não necessitam imperiosamente de elos explícitos com o mundo, nem de se submeter ao que convencionamos denominar "realidade objetiva".

Mesmo que os defensores de um racionalismo exacerbado desclassifiquem, vejam com desconfiança, ou mesmo não reconheçam as forças psíquicas e as reservas antropológicas de um imaginário fundador, é sempre dessa imaginação radical, difusa e insubmissa à fragmentação dos conhecimentos, que partem as narrativas das ciências sobre o mundo, sobre a cultura, sobre o homem.

Razão e imaginação, mito e ciência sempre ruminaram um diálogo amoroso e retotalizador, se considerarmos as narrativas híbridas de pensadores erráticos e inaugurais como Sigmund Freud, Carl Gustav Jung,

Claude Lévi-Strauss, Edgar Morin, Clarissa Pinkola Estés, entre outros. No conjunto dessa constelação, merece destaque o norte-americano Joseph Campbell, a um só tempo, horizonte e foco da arrojada pesquisa doutoral de Carlos Aldemir Farias que agora se torna livro.

Como se, para acertar contas com um ideário de ciência excessivamente narcísico e fraturado, pensadores da cultura vem tecendo arquiteturas interpretativas mestiças e dialógicas capazes de redesenhar a cosmologia da condição humana, libertando-a do cárcere da razão fechada e das regras impostas pelas singularidades culturais que, como sabemos, são apenas configurações possíveis da aventura da nossa espécie na Terra. Um diálogo mais pleno entre mito e ciência está em plena gestação nas formulações de Joseph Campbell, conforme depreenderemos da leitura deste livro.

É justamente do vazio deixado pelas teorias sociais marcadas ora pelos determinismos causais, ora pelas materializações desenfreadas ou, ainda, por ortodoxias redutoras, que emergem as grandes narrativas das Ciências Humanas e Sociais. Longe de constituírem um conhecimento menor e menos rigoroso, tais narrativas falam com mais pertinência da nossa humanidade, porque despem suas estruturas mitológicas. Essa é, certamente, a provocação maior de George Steiner no livro *Nostalgia do absoluto*. Ali, e por meio de três categorias — pretensão à totalidade, revelação e linguagem própria —, Steiner concebe o marxismo, a psicanálise e o estruturalismo como "três mitologias modernas". Importa sublinhar o papel amplificado dessas três interpretações da cultura, abstraindo o fulgente exercício analítico desenvolvido no referido livro acerca das concepções de Marx, Freud e Lévi-Strauss. Do que se pode depreender das reflexões de Steiner, o fato de não poderem ser consideradas científicas, não reduz o valor, o vigor e a importância das três grandes mitologias científicas ocidentais. Ao contrário, sua ousada reflexão crítica reestabelece, no interior do conhecimento consagrado, os elos de um pensamento articulado com os domínios difusos e complexos das constelações culturais. Tratar-se-ia de uma reabilitação do dispositivo narrativo mítico no interior da própria ciência? O livro *Nostalgia do absoluto* sintetiza estratégias de uma ciência aberta, de resto, levada a efeito de forma igualmente retotalizadora por Joseph Campbell em toda a sua obra.

Como se fosse para selar uma nova organização do conhecimento em curso, Ilya Prigogine e Isabelle Stengers propõem uma "nova aliança" entre ciência e mundo, entre cultura científica e cultura humanística. Se o mundo é híbrido e mestiço, também o é a ciência. No tocante aos mitos, também esses, como anunciações metafóricas por excelência, distanciam-se do frio racionalismo e de uma ciência da assepsia, passada na autoclave. Para Michel Serres, o único mito puro é a ideia de uma ciência purificada de qualquer mito. Daí porque, ao lado de Claude Lévi-Strauss, Edgar Morin, Nise da Silveira, João de Jesus Paes Loureiro, entre outros, Joseph Campbell elabora uma matriz de pensamento importante no que diz respeito ao valor operativo da construção da cultura pelo dispositivo mítico.

Para Lévi-Strauss, o mito é um *cimento* que dá sustentação às construções sociais. Dotadas de poder de síntese por excelência e do artifício da *bricolagem*, as narrativas míticas só são comparáveis à arte, uma vez que também operam por *modelos reduzidos* e desafiadores da realidade.

A defesa da função estética e sensível das narrativas míticas é, certamente, agudizada e constitui matéria-prima das ideias de Paes Loureiro[1]. Para ele, tais narrativas concebem o caminho do meio que prefigura uma metodologia pendular entre o documento científico e a emoção estética.

Joseph Campbell compreendeu com maestria, sofisticação, rigor e tenacidade a força dos mitos impregnada nas construções sociais. Eis por que o título deste livro não poderia ser mais adequado do que o escolhido pelo autor, ao qualificar Campbell como "o maestro dos mitos". Empreendendo com obstinação uma escalada à montanha nunca completamente desbravada das confabulações míticas, dirá o norte-americano: "A mitologia não é brinquedo para crianças, tampouco é assunto de interesse apenas arcaico e acadêmico", conforme citação do autor na introdução deste livro. É, sim, um dispositivo capaz de promover a dialógica entre *cronos* e *kairós*; configura estratégia humana de fuga das temporalidades históricas lineares. Permite acionar reservas da imaginação, reencontro com lugares difusos, ambíguos, imemoriais.

---

[1] PAES LOUREIRO, J. J. *Cultura amazônica*: uma poética do imaginário. São Paulo: Escrituras, 2001.

Em compasso com Carl Gustav Jung, a mitologia é concebida aqui como uma porta de acesso ao inconsciente coletivo porque permite o fluir das ficções, dos medos, dos desejos de aventura e dos sentimentos fugazes de potência que, queiramos ou não, estão na base da diversidade e da universalidade das culturas e habitam a alma de cada um de nós.

Sem adentrar a seara estilística da metonímia, o artifício mítico promove, proporciona, facilita e permite o deslocamento cognitivo do estado prosaico para o estado poético do conhecimento. Responde pela criatividade e pela construção de novos modelos mentais de compreensão dos fenômenos, das regras sociais, da dinâmica dos seres vivos, dos sujeitos humanos e do mundo real — seja ele material ou imaterial. O mito é o apelo antropológico que a poesia do espírito faz à prosa da vida cotidiana. É o mecanismo de resistência à imputação de sentidos unitários e à violência cognitiva da cultura da racionalização. A construção mítica é dotada de plasticidade na medida em que transpõe domínios, duplica realidades, opera por bricolagem, desordena tempos e sentidos e recria novas gramáticas da alma.

Se a cultura é regra e paradigma, o mito é transgressão simbólica e equivale à pragmática de uma linguagem, a um só tempo, compreensiva e cercada de mistérios não ditos e de interrogações arcaicas nunca respondíveis. Ordena o mundo, mas em um patamar de classificação mais geral e permutável. Atua na contramão e na complementaridade das operações conceituais e analíticas. Nisso, sobretudo, o mito distingue-se da ciência da fragmentação e das especialidades não comunicantes, abrindo caminhos para um pensamento complexo e transdisciplinar.

Sem a pretensão de determo-nos em uma arqueologia de dispositivos mitológicos, horizonte perseguido pela pesquisa incansável de Campbell, resta-nos afirmar a importância do livro de Carlos Aldemir Farias no domínio das ciências do homem. Se, como afirmei anteriormente, o mito é o apelo antropológico por meio do qual a poesia do espírito faz à prosa da vida cotidiana, a leitura desse livro constitui-se, de igual modo, em um apelo à reposição dos estoques epistemológicos das Ciências Humanas e Sociais, notadamente se as concebermos como Antropologia Fundamental, complexa e transdisciplinar, capaz de religar especialidades e favorecer o intercâmbio entre *mithos* e *logos*, materialidades e idealidades, ciência, arte e espiritualidade.

Em 2006, Carlos Aldemir Farias publicou *Alfabetos da alma: histórias da tradição na escola*, fruto de sua pesquisa de mestrado em Educação desenvolvida no Grupo de Estudos da Complexidade (GRECOM) do programa de Pós-graduação em Educação da UFRN. Agora, após quatorze anos, publica *Joseph Campbell: o maestro dos mitos*, sua tese de doutoramento em Ciências Sociais (Antropologia), produzida no COMPLEXUS, da PUC São Paulo, defendida em 2012. Como se fosse para expor a invariância contida na múltipla partitura da cosmologia mítica, o autor se atém ao mesmo propósito de recompor — seja no ambiente escolar, seja no domínio das construções teóricas e científicas — algumas das importantes brechas e lacunas do "grande paradigma do Ocidente", conforme expressão de Edgar Morin.

Que esse livro possa alimentar espíritos abertos, inquietos, insubmissos e ávidos por fazer consolidar, com rigor e sensibilidade, uma ciência de braços dados com a vida! Esse é o meu desejo.

MARIA DA CONCEIÇÃO DE ALMEIDA
Grupo de Estudos da Complexidade, UFRN
Natal, janeiro 2020.

Prefácio

Se Joseph Campbell ainda estivesse no mundo dos vivos, contaria em 2020 cento e dezesseis anos de vida. As ressonâncias de sua obra são tão intensas que se torna difícil prefaciar este livro de Carlos Aldemir Farias. Difícil pelo fato de que a narrativa empenha-se não apenas em dialogizar a vida e a obra de um autor, mas pela pergunta-chave que circundou a pesquisa. Afinal, o que teria acontecido a Campbell para direcioná-lo à análise dos mitos do mundo inteiro?

A partir de fragmentos biográficos e de interlocutores da obra, Carlos reconstrói um cenário-vida, como se estivéssemos diante de uma tela de cinema, em que personagens entram e saem, retornam e desaparecem da cena, cabendo ao espectador-artista estabelecer suas próprias conexões, sempre condicionado à sua história singular.

Transdisciplinar na base, Campbell nutre-se de várias fontes para construir sua obra. A princípio, desponta a figura do colecionador. Como se sabe, colecionadores são seres estranhos, guardam e classificam objetos a sete chaves: fotografias, cartas ou objetos constituem seu tesouro simbólico, relíquias preciosas que permitem recuperar o tempo perdido do mundo para redirecioná-lo à incerteza do futuro.

Os mitos entram neste canal do colecionismo. Mitos são operadores de discursividade que entrelaçam temporalidades, sinfonias da vida, cujos movimentos são escutados com dedicação, sutileza e abertura. Como afirma o autor, referindo-se a Campbell, a riqueza dos mitos não reside em desvendar o mundo da vida; são possibilidades abertas para os não ditos, reordenações da vida vivida.

Existem mitos porque as sociedades precisam pensar em si mesmas de outras formas, sem a dureza dos conceitos, teorias, métodos. Lévi-Strauss disse que os mitos existem para resolverem as contradições das sociedades incompetentes para tal. Quando lhe perguntaram sobre sua rotina de trabalho, informou ao seu entrevistador que, todos os dias, acordava embriagado de mitos e, daí, punha a mão na massa e procurava conexões ocultas de um mito-referência original a propagar-se no conjunto de suas análises.

Acredito na existência de semelhanças entre ambos, embora seus caminhos tenham sido diversos. Da mesma maneira que é difícil rotular Claude Lévi-Strauss, também é impossível enquadrar a polifonia das ideias de Campbell num cubículo disciplinar. "Seria ele um antropólogo, um mitólogo, um filósofo, um epistemólogo ou, simplesmente, um narrador, um maestro de uma sinfonia inacabada, um fabulador? Ou tudo isso ao mesmo tempo?", conforme questiona Carlos nas páginas que adentram este livro.

Sua obra é para ser lida e relida. Tudo nela é vivo e fortificante, como disse um de seus interlocutores. Mitos são palimpsestos que misturam plataformas de espaço-tempo numa narrativa que combina e descombina passado, futuro, presente. Ponto de partida da complexa interpretação de Campbell, o *monomito* sobre a jornada do herói, presente em todas as culturas do mundo, assemelha-se ao mito bororo de referência sobre o *desaninhador de pássaros* que abre a tetralogia levistraussiana das *Mitológicas*.

É a partir desse *monomito* que Campbell critica a primazia da razão fechada e do racionalismo unificador. A razão-soberana não encontra guarida em sua interpretação. Acontece o mesmo com sua crítica às visões dogmáticas que a ciência construiu sobre a vida. Uma ciência sem dogmas, mas com sabor estético, é uma das emanações que brotam de sua obra.

Carlos Aldemir Farias soube captar a multidimensionalidade dos arquétipos contidos na totalidade da obra, ou seja, esses pacotes de energia trans-históricos que andam por aí no cosmo. São símbolos da persistência, da transformação, da determinação, mas também do desejo, da pulsão, do amor. São nossos guardiões de vida, pobres mortais sempre à busca de significantes que deem sentido ao caráter prosaico de nossa existência.

A narrativa deste livro compõe-se de três partes — fragmentos de vida e obra, mitologias, ressonâncias — que fazem com o que o leitor reflita sobre seus próprios projetos de vida. Pesquisador atento, Carlos realizou duas preciosas entrevistas com Lia Diskin e Lucia Benfatti, da Associação Palas Athena, as quais devem ser lidas e meditadas por todos. Encontram-se ao final do livro e convidam o leitor a retornar ao começo do texto para emocionar-se perdidamente diante da argumentação e perceber um Joseph Campbell, ao mesmo tempo uno e múltiplo, um artista das imagens, um pensador para quem os mitos permanecem universais, mesmo diante das contradições que cercam o mundo líquido contemporâneo.

EDGARD DE ASSIS CARVALHO
COMPLEXUS, PUCSP
São Paulo, janeiro 2020.

Introdução

Reservas imemoriais da condição humana, os mitos estão presentes em todas as sociedades. Organizam cosmovisões, propõem soluções para dilemas, enigmas e contradições que o mundo real não consegue resolver. Máquinas de supressão do tempo, como definiu Claude Lévi-Strauss, as narrativas míticas não se submetem à linearidade da história.

Tema central deste livro, Joseph Campbell (1904-1987), nova-iorquino, ocupa lugar de destaque no panteão das interpretações mitológicas. A grandeza de sua obra é mais do que reconhecida, embora a compreensão de suas ideias ainda permaneça tímida nas Ciências Humanas. Trata-se de uma obra aberta a diversos dispositivos da cultura, a qual, além da ciência, inclui a literatura e o cinema, responsável pela popularização de algumas de suas ideias, com a série *Star Wars*, traduzida em português como *Guerra nas Estrelas*.

Este livro investe na dialogia da vida e obra de Joseph Campbell a partir de uma incursão bibliográfica; traça os itinerários mais representativos da vida do autor que o levaram a discutir as funções e as potencialidades do mito na sociedade contemporânea; esboça o cenário da ciência no interior do qual desponta o mitólogo norte-americano e expõe uma sintética arqueologia das figuras que constituem *O herói de mil faces*. No mais, exibe argumentos campbellianos relativos ao seu tratamento de temas recorrentes nas narrativas míticas (diversidade cultural) em direção à universalidade da cultura (unidade arquetípica dos mitos).

Pensador transdisciplinar, transitou nos domínios da arte, da literatura, da ciência, da religião. Assim, a polifonia contida em seu estudo comparado das mitologias do mundo exigiu diálogo com autores de áreas complementares, entre os quais, Carl Gustav Jung, Jean-Pierre Vernant e Edgar Morin. O solo interpretativo básico desta pesquisa centrou-se em dezenove livros basilares traduzidos no Brasil. A discussão que apresento tende a delinear conexões entre ciência e arte, na busca de construir uma Antropologia fundamental de base universalista, complexa e transdisciplinar.

Nos idos dos anos de 1950, quando Joseph Campbell iniciou a escrita de sua série *As máscaras de Deus*, anunciou no prólogo de *Mitologia Primitiva* um alerta que ainda ressoa, transcorrido mais de meio século: "Claramente, mitologia não é brinquedo para crianças. Tampouco é assunto de interesse apenas arcaico e acadêmico, sem nenhuma importância para o moderno homem de ação. Seus símbolos – estejam eles nas formas tangíveis das imagens ou na forma abstrata das ideias – tocam e liberam os centros de motivação mais profundos, comovendo instruídos e não instruídos do mesmo jeito, comovendo massas e civilizações"[2].

Talvez uma das razões mais urgentes para se estudar mitologia seja o fato de permanecermos abarrotados de dúvidas existenciais e questões não respondidas. Campbell, cuja vida estendeu-se pelo coração do século XX, deparou-se com os mesmos dilemas que, desde sempre, estão presentes na história humana. Vivenciou as duas Grandes Guerras Mundiais, além de outras menores, como a Guerra do Vietnã, não menos violenta, e uma grande quantidade de sofrimentos humanos ao longo das décadas. Viu o potencial destrutivo da xenofobia espalhar-se pelo mundo. Observou o estilhaçamento das culturas e a fragmentação dos símbolos míticos nas sociedades contemporâneas. Segundo ele, "os remédios para a nossa

---

[2] CAMPBELL, 2000, p. 22.

esquizofrenia cultural eram psicológicos e mitológicos, não sociológicos ou políticos"[3].

Três décadas já se completaram desde sua morte, em 30 de outubro de 1987. Segundo seus biógrafos, Stephen e Robin Larsen (2002), logo após o falecimento de Campbell, eclodiu uma importante efervescência cultural nos Estados Unidos em torno de suas ideias, o que possibilitou sua popularização. Isso aconteceu após a apresentação televisiva, em 1988, da série *O poder do mito*, pela PBS (Serviço Público de Radiodifusão). Nessa série, protagonizada por Joseph Campbell e pelo jornalista Bill Moyers, as respostas proferidas pelo mitólogo, em tom de sabedoria, comoveram os ouvintes e capturaram a atenção do público.

O conjunto das entrevistas, assistido por um grande número de espectadores, bateu recorde televisivo, e o livro *O poder do mito*, baseado nessas entrevistas, tornou-se um *best-seller* nos Estados Unidos, rapidamente traduzido em vários idiomas. "Muitas pessoas desejavam saber se Campbell foi capaz de viver de acordo com a sabedoria que extraiu da mitologia."[4]

Entretanto, antes do fim da década de 1980, seu trabalho já era conhecido por estudiosos ao redor do mundo: acadêmicos e mitólogos certamente, mas também psicanalistas que interpretavam temas míticos a partir dos sonhos de seus pacientes, além de escritores, artistas e cineastas como George Lucas, que afirmou usar as matrizes de significados míticos de Campbell para incitar sua própria visão criativa na primeira trilogia de *Star Wars*. Os seis filmes da série *Star Wars*, organizados em duas trilogias, foram exibidos nos cinemas do mundo inteiro nos anos de 1977, 1980 e 1983; a segunda trilogia chegou às salas de cinema em 1999, 2002 e 2005. Em *Ressonâncias*, último capítulo deste livro, trato sobre os respingos do livro *O herói de mil faces*, de Campbell, na sétima arte, tomando como base a primeira trilogia de *Star Wars*.

Talvez, àquela altura, Campbell já exercesse influência na cultura contemporânea precedente à consciência pública de seu pensamento. Tudo indica que Yoda, o pequeno personagem de pele esverdeada que prefigura o mais sábio, velho e poderoso mestre Jedi de todos os tempos

---
[3] CAMPBELL *apud* LARSEN, 2002, p. XII, tradução minha.
[4] LARSEN, 2002, p. XV-XVI, tradução minha.

em *Star Wars*, teria auxiliado a preparar o caminho à emergência de Joseph Campbell como um homem de ciência e sabedoria no cenário mundial. A série *O poder do mito* criou oportunidade para que milhões de pessoas conhecessem seu trabalho, desenvolvido desde muito cedo, e a expressão "siga sua bem-aventurança", entendida correta ou incorretamente, tornava-se uma ideia importante ou um norteador aos que foram tocados por suas palavras.[5]

Lia Diskin, uma das fundadoras da Associação Palas Athena[6], em entrevista a mim concedida, reitera as afirmações dos biógrafos de Campbell e expõe, de forma clara, como aconteceu essa explosão e esse interesse sobre o trabalho do mitólogo logo após sua morte. O conteúdo da entrevista de Lia encontra-se na íntegra em *Ressonâncias*, capítulo final deste livro.

Ainda em vida, já se reconhecia em Campbell uma expressão nas letras estadunidenses do século XX. Títulos e prêmios, que atestam seu prestígio acadêmico, eram-lhe concedidos, como o doutor *Honoris Causa* pelo *Pratt Institute*, do Brooklyn, Nova York, em 1976. Logo após o seu falecimento, porém, muitos zoilos iniciaram a retratar esse pensador da cultura como um elitista intelectual, que tocou o coração de milhões de pessoas com suas palavras. Junto ao *status* de reconhecimento intelectual, vieram postumamente, também, ataques pessoais, "inevitáveis parceiros das recompensas da fama"[7].

Ao popularizar-se, e mesmo ao longo de toda sua vida, o público passou a dirigir-lhe inescrutáveis perguntas que, no melhor dos sentidos, caberiam a oráculos e gurus: "Qual é o sentido da vida? Como eu a conduzo?". Ao abraçar tais questões, em vez de se esquivar, costumava responder com afirmações aparentemente simples: "siga sua bem-aventurança". Na verdade, o que fez durante toda a sua vida foi refinar décadas de pesquisa sobre temas complexos para transmitir seu pensamento da maneira mais acessível, apenas mantinha o gradiente eloquente para que se fizesse en-

---

[5] LARSEN, 2002.

[6] Trata-se de uma organização filantrópica social civil sem fins lucrativos, declarada como utilidade pública municipal, estadual e federal. Não recebe apoio financeiro público nem privado. Há quase meio século promove, incuba e agencia projetos nas áreas de Educação, Saúde, Direitos Humanos, Diálogo Intercultural e Inter-religioso, Meio Ambiente e Promoção Social.

[7] LARSEN, 2002.

tender. Outra estratégia comumente utilizada era devolver a pergunta ao interlocutor: "Se você quer me perguntar como deve viver sua vida, eu lhe pergunto qual é a coisa mais significativa para você, sua razão de ser, e sugiro que você se alie a isso, sua bem-aventurança"[8]. Alguns críticos iriam julgar afirmações como "siga sua bem-aventurança" de forma superficial, sem sequer ler um de seus muitos livros que oferecem contexto maciço para compreender sua simplicidade de vasta erudição.

Em tempos de dilemas abundantes e respostas esparsas, Campbell era capaz de sintetizar a sabedoria antiga e a vida contemporânea de modo a ser útil à existência das pessoas. "Encorajou-nos a encontrar nossos heróis interiores, e não apenas a estudar mitos, mas ousar viver miticamente."[9] Isso acontecia frequentemente em suas conferências, aulas, cursos e palestras, quando citava seus textos de sabedoria favoritos, dentre eles os Vedas, os Sutras e o Evangelho Gnóstico de São Tomás, em que Jesus se expressa como um mestre zen: "Se você trouxer à tona o que está dentro de você, o que está dentro de você irá salvá-lo. Se você não trouxer à tona o que está dentro de você, o que está dentro de você irá destruí-lo"[10].

Segundo seus biógrafos, é possível que Campbell tenha sido vítima de um mito norte-americano possivelmente previsto por ele mesmo, uma vez que o acontecimento que sucedeu sua morte poderia ser interpretado como "uma variação de um tema antigo: a criação de heróis ou mesmo semideuses, a partir de seres humanos, para expor seus calcanhares feridos e seus pés de argila, seja na primeira página do *The New York Times* ou do *National Enquirer*"[11].

Para Campbell (2000), isso acontece porque perdemos nossas referências sagradas dos deuses; nossos maiores heróis míticos devem ser revelados como falivelmente humanos. Independentemente das críticas de oponentes, estudiosos que se dedicam à sua obra não negam que a presença e o trabalho do mitólogo deixaram uma marca na cultura acadêmica ocidental do século passado. Seu saber era grande em proporção ao alcance da compreensão de suas ideias.

---

[8] CAMPBELL *apud* LARSEN, 2002, p. XII, tradução minha.
[9] LARSEN, 2002, p. XVI, tradução minha.
[10] CAMPBELL *apud* LARSEN, 2002, p. XII, tradução minha.
[11] LARSEN, 2002, p. X, tradução minha.

A ideia sobre a eloquência de Campbell é amiudada por seus entrevistadores, ex-alunos e amigos que conviveram e privaram de sua intimidade pessoal. Todos reiteram seu saber enciclopédico e, o mais importante, sua forma de comunicação capaz de tocar a alma humana. Tais afirmações estão registradas em apresentações, prefácios e aberturas de livros de entrevistas concedidas por Campbell ou nas introduções dos seus livros editados postumamente.

Joseph Campbell foi um profundo estudioso da mitologia mundial durante toda a sua vida. Minha incursão pela sua obra não brotou em cursos na universidade. Brotou no vergel da minha curiosidade por autores que tratam temas relativos à mitologia e seus desdobramentos, interesse que me acompanha desde o início da década de 1990. Geralmente seus livros não são indicados em programas de disciplinas em cursos de graduação de universidades brasileiras, especialmente, em Ciências Sociais, tampouco em Antropologia, conforme constatei durante a pesquisa que originou este livro.

Quando referências surgem em disciplinas de pós-graduação em Ciências Sociais, geralmente estão diretamente ligadas à discussão do mito, apesar de que os temas albergados no conjunto da obra abrangem diversas áreas de conhecimento. Essa afirmação pode ser constatada em meu levantamento no Banco de Teses da Capes no período entre 1990-2010, onde parte de sua obra é utilizada como referência para dissertações de mestrado e teses de doutorado nos mais variados programas brasileiros de pós-graduação. O reconhecimento da riqueza de sua obra foi constatado em estudos de diferentes áreas, entre as quais literatura, mídia, cinema, arte, educação, filosofia, comunicação, semiótica, religião, corpo, política, psicologia e linguística. Suas ideias abriram novos horizontes e olhares à produção científica.

Aqui, apresento uma reflexão sobre os eventos pessoais do autor que definiram seu pensamento, que o levaram a elaborar e persistir em uma obra sobre os mitos, a despeito de seu tardio reconhecimento. O argumento central posiciona-se entre a relação da experiência vivida por um autor e o interesse pelo estudo dos mitos, contingências da vida que iluminam a escolha de um tema de estudo, sobretudo as experiências enraizadas na infância e na adolescência. Ao que parece, Campbell pôs em prática o que ensinou durante trinta e oito anos na Faculdade Sarah Lawrence: o começo de uma transformação nos modelos psíquicos no Ocidente. A psicóloga Jean Houston, em entrevista concedida aos biógrafos de Campbell, sumariou sua significância histórica para o estudo dos mitos. Para Houston, "Campbell forneceu a chave mítica para destrancar a codificação da alma, pois sabia que o mito é o DNA da psique humana, um universo complexo e desconhecido, maior que nossas aspirações"[12].

A partir de fragmentos do universo campbelliano, refleti sua vida e obra, seus demônios interiores, redemoinhos cognitivos. Trata-se de uma reflexão acerca de estudos por ele empreendidos na mitologia. Foco a produção do autor sobre a diversidade das imagens míticas, base da construção da cultura humana. Além do levantamento da obra de Campbell traduzida no Brasil, que contabiliza dezenove livros[13] e um DVD duplo com trezentos e cinquenta e quatro minutos de duração, ou seja, aproximadamente seis horas de gravação, debrucei-me nos livros que tratavam diretamente sobre sua vida. Sua biografia, intitulada *Joseph Campbell: a fire in the mind* (2002), escrita por Stephen e Robin Larsen, e o livro de entrevistas *An open life* (1990) permitiram-me adentrar detalhes expressivos de sua história vivida em Nova York, sua cidade natal.

Parte relevante dos dois livros mencionados no parágrafo anterior foi por mim traduzida livremente e revela uma matriz importante para decifrar trechos dos cenários de vida do autor. A biografia foi escrita como um cenário cronológico da vida, dos temas de pesquisa e da produção do mitólogo. Dividida em quatro partes, equivalem aos períodos de 1904-1931, 1931-1938, 1938-1955 e 1955-1987, itinerário intelectual que se inicia com seu nascimento e termina no ano de sua morte.

O tratamento dado à leitura da sua obra demandou o exercício de releitura do conjunto selecionado – obras publicadas em português e, simul-

---

[12] HOUSTON *apud* LARSEN, 2002, p. XIII, tradução minha.
[13] Essa lista refere-se ao período da realização desta pesquisa, 2008-2012. Passados nove anos, certamente outros livros foram traduzidos. Contudo, não me proponho a atualizar essas informações, pois o volume de páginas lidas e refletidas por mim já me permitiu ponderar o conjunto da obra do autor.

taneamente, a leitura de operadores cognitivos[14] capazes de redimensionar o alcance dos temas por ele tratados, observando suas ressonâncias, aproximações e paralelismos em relação a outros pensadores que retotalizam a compreensão da cultura humana em seus patamares complexos, ou seja, na religação entre os itinerários míticos e lógicos da condição humana. Nesse sentido, a leitura de Edgar Morin, Carl Gustav Jung, Jean-Pierre Vernant, Karen Armstrong, Maria da Conceição de Almeida e outros interlocutores permitiram-me construir ecos para um pensamento universal do mitólogo.

Um mapa introdutório da cosmologia campbelliana relaciona os seguintes índices norteadores de uma compreensão do autor: a organização interna da narrativa mítica; o mito como narrativa de uma criação e/ou explicação do mundo e da cultura; a relação entre mito e história; o mito como relato de um tempo primordial; as transformações do mito vistas em diferentes épocas e sociedades; o mito como uma linguagem arcaica e moderna; a conexão entre mito e religião; mito e arquétipo do inconsciente coletivo e a representatividade do mito na contemporaneidade.

Certamente esses índices não deveriam ser compreendidos como uma fragmentação da obra aqui estudada. Mais do que especializações não comunicantes, tais índices temáticos revelam faces da grande complexidade inerente à produção cultural ou mesmo chaves de leituras complementares à interconectada e totalizadora matriz do pensamento de Joseph Campbell.

Autor lido e relido por profissionais das Ciências Humanas e Sociais, dentre eles psicólogos, psicanalistas, teólogos, mitólogos, cineastas, comunicólogos, antropólogos, sociólogos e educadores, o espectro de dispersão

---

[14] As expressões "operadores cognitivos" ou "acionadores cognitivos", utilizadas neste livro, dizem respeito à concepção de Edgar Morin do método complexo como estratégia (MORIN, 1999, p. 39), e não como um programa de pesquisa pré-definido conforme o método cartesiano. Em Edgar Morin, o método complexo tem por base o tetragrama ordem-desordem-interação-reorganização e se desdobra em princípios que, na obra do autor, por vezes aparece como três grandes princípios: dialógica, recursão e hologramático (MORIN e Le MOIGNE, 2000, p. 204-205; MORIN, 2010, p. 189-205). Por vezes, esses princípios, chamados também de "guias para um pensar complexo", aparecem com maior desdobramento: princípios sistêmico ou organizacional, hologramático, retroatividade, recursividade, autonomia-dependência, dialógico e princípio de reintrodução do sujeito cognoscente no conhecimento (MORIN, CIURANA e MOTTA, 2003, p. 33-37). Em resumo, operador cognitivo e acionador cognitivo equivalem a princípios capazes de mover as estratégias de pesquisa que operam a partir do pensamento complexo.

de sua obra apresenta, como consequência, um enigma difícil de decifrar. Logo, não pretendo fazer deste livro um espaço de verdade e leitura completa sobre Joseph Campbell.

Essa ressalva, acerca da verdade e da leitura completa sobre a obra de Campbell, não se constitui um artifício de retórica. Trata-se mais propriamente de assegurar uma das compreensões do pensamento complexo sobre "a incompletude, o inacabamento e a parcialidade de todo conhecimento"[15]. Dito de outro modo, tudo o que é narrado, o é a partir das informações a que o sujeito teve acesso e, sobretudo, da cosmovisão de um sujeito-observador que imprimirá subjetividade ao produzir conhecimento a partir de seus modelos de pensamento, experimentação e compreensão do mundo. Mas, não apenas, a pergunta de pesquisa também direciona o foco de olhar as informações das quais dispomos sobre o objeto investigado. Aliado a isso, o objetivo delimita o que se pretende abranger como foco da investigação à luz da epistemologia adotada. Todas as coordenadas, mencionadas anteriormente e alinhadas com base na questão de pesquisa, fizeram com que eu elaborasse essa narrativa.

Três questões orientam a minha reflexão: o que aconteceu a Joseph Campbell para que viesse a desenvolver, ao longo de sua vivência profissional, toda uma obra dedicada aos mitos do mundo inteiro? Como suas experiências no campo pessoal contribuíram para que sistematizasse teoricamente o que viveu? Como as experiências de sua infância imprimiram sentidos e significados à sua obra como um todo? Em sintonia com essas questões, reflito essencialmente, a partir da obra de Joseph Campbell, acerca das contingências de sua vida e dos seus estudos sobre os temas recorrentes nas narrativas míticas em diferentes culturas em direção à universalidade dos mitos.

Devo dizer, entretanto, que o exercício de pesquisa exigiu um minucioso acesso a fontes bibliográficas, documentais, filmografia, imagens e entrevistas sobre as ressonâncias de sua obra no Brasil nas décadas de 1990 e 2000. Paralelamente à incursão na obra e, em parte da produção dela advinda, procurei construir cenários vivos com base em duas entrevistas que repercutem as ideias de Campbell. Tais entrevistas, concedidas em novem-

---

[15] MORIN, 2006.

bro de 2011, por Lia Diskin e Lucia Benfatti, da Associação Palas Athena, em São Paulo, versam sobre a relevância das ideias de Campbell além do universo acadêmico. Conhecedoras da obra do autor, mencionam a importância do seu trabalho para a compreensão da cultura contemporânea, tão fragmentada, bem como a perda dos valores humanos fundamentais para o convívio em sociedade. Logo, os ecos da epistemologia campbelliana espraiam-se a terapeutas formais e informais, estão presentes em palestras, cursos, colóquios e abordagens de pesquisa.

De forma operacional, empreendi um cronograma de pesquisa que incluiu o (1) levantamento da produção científica (teses e dissertações) no Banco de Teses da Capes e o arrolamento de artigos que utilizam referências de Joseph Campbell em revistas científicas (versão on-line e/ou impressa) das universidades brasileiras e algumas estrangeiras[16]. O levantamento foi realizado no site da Capes, no Dedalus (Banco de Dados Bibliográficos da USP) e no SciELO[17], no intervalo de vinte anos (1990-2010). As palavras-chaves utilizadas na busca centraram-se em "Joseph Campbell; Campbell; herói; jornada do herói; Guerra nas Estrelas; mitologia; mito". (2) Arro-

---

[16] *Revista de Antropologia* da USP; *Revista Educação e Pesquisa* da Faculdade de Educação da USP (coleção on-line); *Estudos Avançados* da USP (coleção on-line); *Revista Psicologia* da USP (coleção on-line); *Revista de História* da USP (coleção on-line); *Cadernos CERU*; *Textos CERU* e *Anais CERU* (Centro de Estudos Rurais e Urbanos da USP); *Anais* do Museu Paulista: História e Cultura Material da USP; Revista *Paideia* da USP (Ribeirão Preto); Revista *Andes* – Antropologia e História do Centro Promocional de Investigações em História e Antropologia, do Instituto pertencente à Universidade Nacional de Salta, Argentina; *Avá* (Posadas) Revista de Antropologia do Programa de Pós-graduação em Antropologia Social da Secretaria de Investigação e Pós-graduação da Faculdade de Humanidades e Ciências Sociais da Universidade Nacional de Misiones, Argentina; *CAMPOS* – Revista de Antropologia Social do Programa de Pós-graduação em Antropologia Social da UFPR (edições 2001-2009); *Cronos* – Revista do Programa de Pós-graduação em Ciências Sociais da UFRN (versão on-line e impressa, 2001-2009); Revista *Margem* – PUCSP; *Revista Thot* da Associação Palas Athena (versão on-line e/ou impressa); *Boletim de Psicologia*; *Revista da Abordagem Gestáltica*; *Anais* do Simpósio Nacional sobre Consciência, realizado em Salvador, 2007 (CD-ROM); *Anais* do IV Encontro Nacional de Professores de Letras e Artes, realizado em Campos dos Goytacazes, Rio de Janeiro, 2009 (CD-ROM); *Terra roxa e outras terras* – Revista de Estudos Literários do Programa de Pós-graduação em Letras da UEL; *Anagrama* – Revista Interdisciplinar da Graduação da USP; *Revista Elementa* Comunicação e Cultura, Sorocaba, SP; *Revista Letras de Hoje*, Porto Alegre, RS; *Revista Brasileira de História das Religiões* da UEM, Paraná; *Revista História, Imagem e Narrativas* (Edição Especial, nº 10, abr. 2010); Anais do II Simpósio RPG e Educação (CD-ROM).

[17] A *Scientific Electronic Library Online* – SciELO é uma biblioteca eletrônica que abrange uma coleção selecionada de periódicos científicos brasileiros (www.scielo.br). O levantamento foi realizado nos anos de 2010 e 2011.

lamento dos livros que tratam sobre Joseph Campbell, realizado junto às bibliotecas da Pontifícia Universidade Católica de São Paulo, da Universidade de São Paulo e da Universidade Federal do Rio Grande do Norte. Esse arrolamento foi realizado entre os anos de 2009 a 2011. (3) Participação em cursos e seminários promovidos pela Associação Palas Athena com o objetivo de discutir excertos da obra de Joseph Campbell e Carl Gustav Jung, em 2009 e 2010.

Este livro abrange três capítulos: Trajetórias, Mitologias e Ressonâncias, construídos com o propósito de figurarem como autônomos e complementares. Em Trajetórias, apresento e discuto fragmentos dos cenários da infância e da adolescência de Joseph Campbell, trato também da emergência e da curiosidade pelas histórias míticas, de parte de suas raízes intelectuais e faço uma sinopse de alguns livros que o tornaram conhecido no Brasil. No capítulo Mitologias, reflito sobre as acepções de mito a partir da compreensão de algumas epistemologias e a relação entre *mito e logos* como duas faces complementares do pensamento humano. Ressonâncias trata dos ecos da cosmologia campbelliana no Brasil. Nessa última parte, mapeia-se a presença do autor no cinema, sobretudo na primeira trilogia de *Star Wars* e na produção acadêmica brasileira entre 1990 e 2010, com base em resumos de dissertações de mestrado e teses de doutoramento contidas no Banco de Teses da Capes, bem como artigos científicos em periódicos. Este livro contém, na íntegra, as entrevistas com Lia Diskin e Lucia Benfatti, da equipe de trabalho de tradução da obra de Campbell no Brasil. Após as entrevistas, temos um conjunto de fotografias de Campbell em diferentes momentos de sua vida, generosamente enviadas para mim pela Fundação Joseph Campbell (JCF), sediada nos Estados Unidos. Ressalva-se que a reprodução foi feita com a permissão da referida Fundação, guardiã das imagens e dos direitos autorais da obra do autor. Por fim, ofereço um apêndice com a organização cronológica das obras de Campbell, em inglês, seguido pelas respectivas traduções brasileiras. Lista-se, ainda, a produção científica brasileira, levantada no período de 1990-2010, em teses de doutoramento, dissertações de Mestrado e artigos científicos que utilizaram referências do autor em tela para iluminar e analisar seus objetos de pesquisa.

Trajetórias |

Não é a vida em si, mas uma reconstrução.
Barbara Tuchman

Fragmentos de vida e obra

"A vida nas ideias e as ideias na vida." Essa expressão de Edgar Morin, quando se autodefine como autor e como intelectual, serve como ponto de partida ou guia para que possamos compreender, a partir dos fragmentos biográficos de Joseph Campbell, um pouco de sua trajetória pessoal e profissional no campo da mitologia.

Em *Meus demônios*, Edgar Morin afirma: "não sou daqueles que têm uma carreira, mas dos que têm uma vida. Minha vida intelectual é inseparável de minha vida. Não escrevo de uma torre que me separa da vida, mas de um redemoinho que me joga em minha vida e na vida"[18]. Em toda a obra de Morin, a dialógica experiência vivida e a produção do pensamento

---
[18] MORIN, 2000, p. 9.

é fartamente demonstrada e, mais do que isso, lança as bases de uma compreensão do pensador e do intelectual:

> O que é o intelectual? Quando nos tornamos intelectuais? Quer sejamos escritor, universitário, cientista, artista ou advogado, a meu ver, só nos tornamos intelectuais, a partir do momento em que tratamos — seja através de ensaio, seja por texto de revista, por artigo de jornal, de maneira não especializada e além de nosso campo profissional restrito — dos problemas humanos, morais, filosóficos e políticos. É então que o escritor, o filósofo ou cientista se autodenominam intelectuais. O termo intelectual tem uma significação missionária, divulgadora, eventualmente militante. Assim, a qualidade de intelectual não é determinada pela integração profissional na *intelligentsia*, ela vem de um uso ou da superação da profissão nas ideias.[19]

Seria lugar-comum repetir a tentativa de tornar original uma biografia de Joseph Campbell. Muitos foram os que, em momentos distintos, interrogaram sua vida, suas bases teóricas, incursões e ousadias de pensamento. Sua biografia póstuma, publicada originalmente em 1991, atesta que Campbell nunca foi afeito a registros de sua história de vida, comumente dizia "àqueles que queriam escrever sobre sua vida que trabalhassem em suas próprias vidas, não na dele". Ele repetiu isso diversas vezes, segundo seus biógrafos Stephen e Robin Larsen[20].

Para Campbell, "o corpo de seus próprios escritos deveria constituir a sua assinatura como um homem de ciência, não os detalhes incidentais de sua vida"[21]. Um registro curioso, escrito no prefácio da biografia de Campbell, sobre o seu material autobiográfico, é revelador no que tange sua não intenção de escrever sobre sua vida pessoal:

> Uma vez Jean (sua esposa) o encontrou entusiasticamente destruindo cartas de seus arquivos, e interrompeu-o alarmada. Foi um momento estranho para os dois, conforme as respectivas necessidades de mortalidade e imortalidade competiam em cada uma de suas mentes; pois a correspondência dele incluía cartas de muitas pessoas historicamente significantes. O Joseph privado, mortal, finalmente desistiu com um

---

[19] MORIN, 2000, p. 205.
[20] LARSEN, 2002, p. XVI, tradução minha.
[21] LARSEN, 2002, p. XVI, tradução minha.

sorriso pesaroso, deferindo para a imortalidade histórica; e assim algumas dessas cartas permanecem conosco.[22]

Foi dessa maneira que Campbell, consciente ou inconscientemente, deixou intacta uma riqueza de materiais autobiográficos não publicados, como correspondências, diários privados, cadernos de registro, diário de sonhos, esboços, notas marginais e narrativas de ficção. A partir desse material, seus biógrafos reconstituíram grande parte de sua história. Se sua esposa não o tivesse interrompido naquele dia em que ele destruía seus documentos, é provável que grande parte do precioso material pessoal de Campbell teria desaparecido.

Capas da Biografia de Joseph Campbell
(esq. edição norte-americana 1991; dir. 2002).

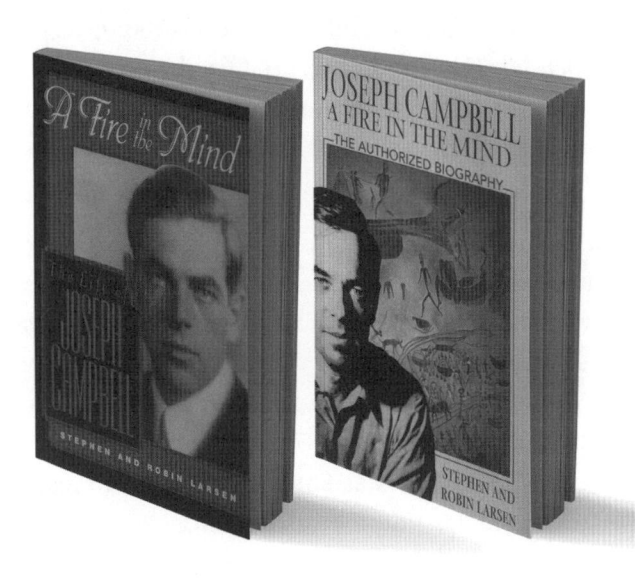

No transcorrer deste livro, procuro operar por bricolagem, para reordenar fragmentos narrativos anunciados por Campbell em diferentes momentos a interlocutores de distintos campos de conhecimento e nacionalidades diversas. Somente a partir da reorganização de seus fragmentos

---

[22] LARSEN, 2002, p. XVII, tradução minha.

biográficos, iremos conhecer um pouco mais de sua história e o que o levou a empreender uma obra tão vigorosa sobre os mitos.

> A bricolagem é um processo que se define basicamente pela ausência de um projeto que ajuste, de modo linear e causal, meios e fins. Nela se desfazem as dualidades entre arte e ciência, ciência e mito, razão e desrazão. Seu papel é criar signos e significados valendo-se de resíduos culturais acabados, imprimindo-lhes rearranjos e reorganizações. De certo modo, a bricolagem expressa o dilaceramento e as desavenças do *homo duplex* consigo mesmo e com outros.[23]

Construir um mapa, com base nos fragmentos biográficos de um autor, na perspectiva de uma ciência da complexidade, supõe concatenar cenários de um contexto que inclui necessariamente as experiências do sujeito. Assim, para elaborar um perfil de Joseph Campbell, faço-me valer aqui, especialmente, de interlocutores como Michael Toms (1990), Bill Moyers (1998), Fraser Boa (2004), Phil Cousineau (2003), respectivamente, nos livros *An Open Life* (Uma vida aberta), *O poder do mito*, *E por falar em mitos...* e *A jornada do herói*. Esses quatro livros levam sempre a autoria ou a coautoria de Campbell. Vejamos, a seguir, de forma sumária, do que tratam.

An Open Life (1990) apresenta uma compilação de entrevistas concedidas por Campbell a Michael Toms, locutor da rádio *New Dimensions*, durante um período de doze anos (1975-1987). Toms planejava apresentar o conjunto das entrevistas concluído no aniversário de 84 anos do mitólogo em março de 1988, cuja comemoração dar-se-ia no Instituto Esalen, na Califórnia. A morte de Campbell, em 1987, interrompeu, em parte, os planos de Toms. A reunião das entrevistas em livro pode ser tomada como uma introdução às amplas ideias mitológicas do autor de *O herói de mil faces*, que expressa a celebração de uma vida de dedicação ao estudo dos mitos e apresenta uma visão geral de sua perspectiva acerca da espiritualidade.

Em *O poder do mito* (1998), Joseph Campbell e Bill Moyers protagonizam um longo diálogo sobre as mitologias que permeiam o imaginário e a vida do homem moderno. Tratam de temas complexos, como os mitos que deram suporte às religiões, aos ritos e às manifestações culturais do

---

[23] CARVALHO, 2003, p. 9.

inconsciente coletivo. O livro aborda, ainda, os sistemas filosóficos ou religiosos, baluartes de sociedades pretéritas e contemporâneas, pois o homem pós-moderno da sociedade em curso, racional e lógico, guarda consigo um ancestral inconsciente regido pelos ensinamentos míticos que sempre ocuparam as vidas dos homens em sociedade.

E por falar em mitos... (2004) reúne oito capítulos que examinam os temas: deuses, deusas, símbolos, iniciações, sacrifícios, animais, abismo pessoal, conflito e liberdade. Para Fraser Boa, Campbell "juntou o histórico e o teórico à sua experiência pessoal"[24] e traduziu os temas e objetos de sua obra em uma linguagem familiar que a todos contempla.

Em *A jornada do herói* (2003), temos um livro-testamento campbelliano. A edição reúne profundas entrevistas concedidas pelo mitólogo nos últimos anos de sua vida. As transcrições das conversas foram ampliadas com trechos de suas palestras, proferidas de 1982 até o início de 1985. O livro apresenta um panorama vasto de sua trajetória, inclusive sua carreira docente na Faculdade Sarah Lawrence. São fragmentos de memórias infantis, adolescentes, de sua formação intelectual, profissional, das viagens, bem como das influências teóricas e dos encontros com pensadores notáveis das ciências. Versa, sobretudo, acerca do universo mítico que povoou a obra de Campbell, tema central de sua vida.

O despertar pelos mitos

Joseph John Campbell nasceu em 26 de março de 1904, na cidade de Nova York, Estados Unidos da América. Joe, como ficaria conhecido, foi o primogênito de um casal católico de classe média, Charles W. Campbell e Josephine E. Lynch. Charles William Júnior nasceu um ano depois, e Alice Marie, a caçula, veio ao mundo três anos mais tarde, em 1908. Embora o casamento não tenha sido livre de conflitos internos e dificuldades, seria o único, tanto para Charles quanto para Josephine. Era uma mulher "de cabelos escuros e olhos claros cuja firmeza de convicção, energia e mobilidade ascendente se igualava à de seu marido"[25]. Conforme a tradição da época, Charles deveria fornecer um estilo de vida sólido e confortável à

---
[24] BOA, 2004, p. 10.
[25] LARSEN, 2002, p. 8, tradução minha.

família, enquanto a Josephine incumbiam os múltiplos afazeres domésticos, com especial zelo à criação e à educação dos filhos, que incluía um notável programa familiar de viagens educacionais e férias interculturais. Cultivava-se também o hábito infantil de escrever diários, a partir do qual a vocação do Campbell escritor teria se desenvolvido em tenra idade. Seus diários eram plenos de desenhos de indígenas norte-americanos, guerreiros engajados em batalhas a cavalo, animais totêmicos, símbolos do sol e da lua, chuva. Segundo seus biógrafos, os desenhos são representações simples, porém vívidas[26].

Josephine também desenvolveu nos três filhos o gosto pelas artes: Joseph Campbell despertou para a música e tocava vários instrumentos, especialmente o saxofone, com o qual se apresentava em bandas de jazz. Charles fez carreira no teatro, casou-se com uma atriz e, junto dela, atuou profissionalmente até o fim de sua vida. Alice tornou-se escultora em pedra. Josephine não apenas encorajava os interesses artísticos de seus filhos, mas, posteriormente, apoiou seus compromissos profissionais com a arte[27].

De ascendência celta-irlandesa, Joseph Campbell relata, em entrevista, que seus avós paternos chegaram à América do Norte para escapar da *Grande Fome* irlandesa, em meados do século XIX. Na ocasião, uma praga nas plantações de batata assolou a nação por quatro longos anos (1845-49), causando escassez de víveres e a morte de mais de um milhão de pessoas. Outros dois milhões emigraram, em sua maioria, para os Estados Unidos. Dos anos subsequentes até o final do século XIX e início do XX, outros milhões de irlandeses também deixariam o país para desembarcar em território norte-americano.

Estima-se que a população irlandesa da época reduziu-se em um terço ou, segundo outras fontes, pela metade. As condições de vida do povo, que poderiam ter sido melhores, tornaram-se mais severas, por conta do desinteresse do governo inglês, que prejulgava os irlandeses como subumanos. Na época, dizia-se que ocupavam o espaço necessário a gados e cavalos.

O pai de Josephine, avô de Joseph Campbell, também era imigrante irlandês nos Estados Unidos. Refugiado das devastações econômicas da

---

[26] LARSEN, 2002.
[27] Idem, ibidem.

Fome da Batata, suas origens remontavam a Dublin, situada na costa oeste urbana, relativamente a mais próspera da ilha. O único membro não irlandês dessa genealogia céltica era a mãe de Josephine, Ann New Lynch, cuja família vivera na cidade costeira de Dundee, Escócia[28]. Josephine possuía uma irmã mais velha, Clara, que se mudou para o Canadá. As duas perderam o contato após um desentendimento em família. O irmão, Jack Lynch, sofria de diabetes. No decorrer de várias passagens de suas entrevistas, Campbell relembra a afeição especial pelo tio, apesar de sua morte prematura, vítima da doença, sem tratamento na época.

Quando discorre acerca de sua origem celta-irlandesa, Joseph Campbell (2003) afirma que, durante muito tempo, não teria dado muita importância ao fato de ser descendente daquele povo. O interesse despertara apenas quando preparava-se para ir à faculdade, momento em que começou a avaliar o significado da consciência céltica e o seu reino de fantasia verbal, tão rico e maravilhoso, visto no universo dos contos de fadas. Não é por acaso que Campbell se interessaria pelas publicações sobre o personagem do rei Arthur, de origem celta. Ao que tudo indica, a consciência desse universo já estava cunhada em seu DNA espiritual. Campbell afirma, em entrevista a Fraser Boa, "que via a mitologia como uma função da biologia, ou seja, expressões de imagens oníricas das energias que formam o corpo; já que somos frações da natureza, as energias que formam a natureza também formam nosso corpo; e as energias que formam nosso corpo são as mesmas que formam a vida"[29].

Como veremos, Campbell apenas daria continuidade à herança simbólica e mítica advinda de seus ancestrais, agora na América do Norte. Seu interesse por mitologia despertou, tão logo, na primeira infância. Para os seus biógrafos, por volta do sexto ou sétimo ano de vida, Campbell foi arrebatado, de modo inédito, pelo poder de uma imagem mítica. Isso aconteceu em 1910, quando o Show do Oeste Selvagem de Buffalo Bill desembarcou na cidade de Nova York e seu pai o levou para assisti-lo, junto a seu irmão Charles Júnior.

William Frederick Cody (1846-1917), ou simplesmente Buffalo Bill, foi um ícone notável no velho oeste norte-americano e um dos criadores

---

[28] LARSEN, 2002.
[29] BOA, 2004, p. 16.

do espetáculo *Buffalo Bill's Wild West Show*. Com índios, caubóis e outros personagens, o espetáculo estreou em 1883 como uma espécie de circo itinerante com uma temática que enfatizava o oeste selvagem daquele país. Peregrinava pelas cidades apresentando o espetáculo aos pagantes, com demonstrações de habilidades cavaleiras. Ganhou fama e dinheiro, tornou-se lendário. Em 1944, sua história de vida inspirou o filme *Buffalo Bill*, sob a direção de William A. Wellman[30].

A beleza e a grandiosidade desse espetáculo acerca do oeste selvagem podem ser reconstituídas a partir de fragmentos de memórias do próprio Campbell, espalhados em seus livros de entrevistas e em sua biografia. Há também diversas fotografias históricas de Buffalo Bill posando ao lado de chefes indígenas, assim como cartazes do *Wild West Show* reproduzidos em livros e disponibilizados no site do museu Buffalo Bill[31]. No show do oeste selvagem havia os batedores e os soldados, a cavalgada e os atiradores, os guerreiros indígenas, brilhantemente emplumados, montados em cavalos e pôneis e os caubóis. Estes últimos, segundo seus biógrafos, eram as verdadeiras estrelas, pois, para o público norte-americano na virada do século XX, Buffalo Bill agigantava-se tão radiante quanto qualquer herói étnico[32].

Não podemos precisar como "essa mitologia ricocheteou em Joseph Campbell ainda criança, mas foram os indígenas que capturaram sua imaginação e identificação; nem o próprio Campbell conseguia explicar o porquê"[33]. A partir desse momento, se tornou um leitor ávido de livros sobre temas indígenas. Em um de seus favoritos, uma figura se tornou uma imagem totêmica aos seus olhos: "Eu cedo me tornei fascinado, capturado, obcecado pela figura de um índio norte-americano com sua orelha encostada no chão, arco e flecha na mão, e um olhar de conhecimento especial

---

[30] Did Buffalo Bill Visit Your Town? O documento reúne uma lista abrangente dos países, estados e cidades onde o espetáculo acerca do Oeste Selvagem foi apresentado, desde as décadas finais do século XIX até a primeira década do século XX.

[31] O Museu Buffalo Bill no Colorado (Estados Unidos), onde está sepultado, disponibiliza um banco de imagens na internet para pesquisa on-line de sua coleção de fotografias com mais de 1.300 imagens. Os arquivos podem ser utilizados sem nenhum custo ou permissão especial para uso pessoal ou acadêmico, segundo informações contidas no site. Disponível em: <http://www.buffalobill.org>. Acesso: 22 ago. 2011.

[32] LARSEN, 2002.

[33] LARSEN, 2002, p. 3, tradução minha.

em seus olhos"³⁴. Esse registro foi escrito por Campbell alguns anos mais tarde em um diário pessoal³⁵.

"Como uma imagem podia causar uma excitação na mente, levando-a além de seus próprios limites, para uma nova terra de descoberta e significado?"³⁶ Essa pergunta, feita por Stephen e Robin Larsen, expressa a força de um evento que, em grande parte, definiu a vida profissional do mitólogo. "Seria alguma lembrança primitiva que estivera espreitando debaixo das preocupações de garoto, ou um símbolo premonitório de alguns dos maiores temas que o ocupariam quando adulto? Iria o garoto Campbell, de alguma forma que ele ainda não entendia, crescer para ser o descobridor de caminhos?"³⁷

Cartaz do espetáculo *Buffalo Bill's Wild West*
que nutriu o imaginário infantil de Joseph Campbell.

---

³⁴ CAMPBELL *apud* LARSEN, 2002, p. 3, tradução minha.
³⁵ LARSEN, 2002.
³⁶ LARSEN, 2002, p. 3, tradução minha.
³⁷ Op. cit., p. 3-4, tradução minha.

Em uma longa entrevista concedida ao jornalista norte-americano Bill Moyers no início da década de 1980, Campbell revelou que seus pais "eram generosos e lhe deram de presente todos os livros escritos para crianças, até aquele momento, sobre os indígenas norte-americanos, seus mitos e lendas"[38].

Ainda criança, ao visitar o Museu Americano de História Natural, de Nova York, Campbell ficou fascinado pelos mastros totêmicos e pelas máscaras dos povos indígenas da América do Norte. "Costumávamos ir ao Museu de História Natural, onde eu fiquei tremendamente impressionado com a grande sala cheia de totens", afirma o mitólogo[39].

Prédio do Museu Americano de História Natural, Nova York (detalhe).

A leitura dos livros do antropólogo, historiador e naturalista estadunidense George Bird Grinnell (1849-1938) sobre os indígenas da América do Norte também povoaram o imaginário infantil de Campbell e definiram o seu arrebatamento pela mitologia.

---

[38] CAMPBELL, 1998, p. 6.
[39] CAMPBELL, 1990, p. 35.

George Grinnell.

Campbell tornou-se uma espécie de colecionador e estudioso sobre a temática indígena norte-americana; leu todos os livros escritos para crianças até aquele momento e, aos onze anos de idade, conseguiu permissão para frequentar a ala do público adulto na biblioteca pública de New Rochelle. Nas palavras do próprio Campbell:

> Desde muito cedo, acho que por volta dos quatro ou cinco anos de idade, fiquei fascinado com os índios norte-americanos e esse se tornou o meu verdadeiro estudo. Frequentei a escola e não tive problemas com os estudos, mas o meu entusiasmo estava centrado no dissidente reino da mitologia dos índios norte-americanos. Naquele tempo, vivíamos em uma casa em New Rochelle (estado de Nova York) ao lado da biblioteca pública. Aos onze anos de idade eu já tinha lido todos os livros sobre índios que havia na biblioteca infantil e consegui ser admitido na biblioteca de adultos. Lembro-me de voltar para casa carregando pilhas de livros. Acho que foi aí que minha vida como estudioso se iniciou. Sei que foi. Todos os livros estavam ali: todos os relatórios do Departamento de Etnologia, os livros de Frank H. Cushing e Franz Boas, e muitos outros. Quando eu tinha treze anos já conhecia tanto sobre os índios norte-americanos quanto um grande número de antropólogos que tenho encontrado desde então. Eles conhecem todas as interpretações sociológicas sobre os índios, como são ou como eram, mas não sabem muito sobre os próprios índios. Eu já sabia.[40]

Em síntese, e a partir dos fragmentos biográficos dispersos em livros de entrevistas e na sua biografia, identificamos quatro experiências da in-

---
[40] CAMPBELL, 2003, p. 35-36.

fância que operaram como acionadores cognitivos do interesse do autor pela mitologia: (I) o espetáculo de Buffalo Bill, (II) totens e máscaras indígenas do Museu Americano de História Natural, (III) livros sobre temas e histórias indígenas e (IV) a sua formação escolar em colégio de orientação católica.

Em 1917, Campbell conheceu Elmer Russell Gregor (1870-1954), naturalista e especialista em cultura indígena, seu "primeiro guru" e professor, conforme suas próprias palavras. Gregor era um conhecido autor de livros infantis sobre os povos indígenas norte-americanos. Eis o princípio de sua paixão por mitologia comparada. Dois anos depois, em 1919, um incêndio consumiu a casa da família de Campbell em New Rochelle, matou sua avó, destruiu sua coleção de livros e seus artefatos indígenas. Sua paixão pelos estudos iniciados, porém, não desvaneceu.

Capas de livros de Elmer Russell Gregor, professor de Campbell.

Pensador da cultura? Epistemólogo dos mitos? Construtor de uma genealogia mítica? Não importa como se denomine esse investigador da psique humana pelas narrativas atemporais do mundo. Para Joseph Campbell, a riqueza dos mitos não está em elucidar ou revelar algum tipo de significado para a vida, mas por ser um registro simbólico da própria experiência de estar vivo. O mito capta a vida no seu eterno fluir. Como arqueólogo das culturas, Campbell respinga fagulhas do seu pensamento em áreas distintas e complementares do conhecimento, sem que seja possível classificá-lo em uma especialidade fechada tão cara a uma ciência da fragmentação[41].

Campbell é um misto de antropólogo, mitólogo, estudioso das religiões, filósofo e epistemólogo. É também um narrador dos alfabetos escondidos nos recônditos da alma humana, um maestro do coral universal dos mitos, um fabulador de mitologias universais, um arquivista de expressões arquetípicas que pululam nas culturas da oralidade e nas sociedades das tecnoculturas, um colecionador de fragmentos da memória mítica, um ouvinte das vozes arquetipais dos caminhantes do mundo, um tecelão do tapete da cultura humana pelas vozes do inconsciente, um contador de histórias da modernidade, um construtor de arquétipos repetidos *ad aeternum* em todas as sociedades humanas, em suma, um humanista universal.

Talvez seja o próprio Campbell *o herói de mil faces* do mosaico dos mitos, de uma imagética da cultura, ou melhor, das culturas vivas, sempre usadas no plural. Uma digressão faz-se necessária de imediato pelo fato de Joseph Campbell ser considerado, por alguns comentaristas, um evolucionista das religiões. O vocábulo evolucionismo foi, sobretudo na década de 1970, empregado para difamar o percurso teórico de alguns intelectuais. Charles Darwin (1809-1882), por exemplo, foi mal compreendido e deslocado de seu tempo e, além de tudo, lido por fragmentos, ficou praticamente reduzido a um cientista do determinismo biológico e das generalizações sem fundamentos empíricos. De certo, o livro *A expressão das emoções no homem e nos animais*[42], publicado em 1872, não foi visitado e lido com o devido zelo, o que reordenaria a própria compreensão da teoria evolucionista das espécies por meio da seleção natural. O livro foi uma bifurcação importante, não apenas na ciência biológica, mas também no domínio científico da mente, da cognição, da aprendizagem, entre outros.

Quando, de forma recorrente, afirma-se que Joseph Campbell é um historiador das narrativas míticas e, também, das religiões, cabe a indagação: o autor do clássico *O herói de mil faces* pode ser classificado como um evolucionista dos mitos e das religiões? Diferentemente do naturalista in-

---

[41] MORIN, 2001; SNOW, 1995.
[42] DARWIN, 2009.

glês Charles Darwin, Campbell investigou não a evolução das espécies, mas a evolução das religiões em diferentes culturas ao longo de toda a sua vida.

No prefácio do livro *A jornada do herói*, Stuart Brown (2003) afirma que a leitura dos quatro volumes de *As máscaras de Deus*, de Joseph Campbell, forneceu-lhe importante auxílio à compreensão acerca da violência doméstica na sociedade norte-americana na segunda metade do século XX, ao descobrir, em sua pesquisa sobre homicídios, que "as referências mais antigas escritas sobre a violência humana eram mitológicas". Ficou surpreso ao notar que a violência narrada nos antigos mitos revelava um paralelismo aos padrões da violência contemporânea nos Estados Unidos:

> (...) comecei a ler os quatro volumes de *As máscaras de Deus* de Joseph Campbell. Ao terminar a leitura, compreendi que Campbell conectava de forma notável as heranças simbólicas, psicológicas, espirituais e artísticas da humanidade, exatamente como um exército de cientistas vinha fazendo desde Darwin para entender os padrões biológicos.[43]

O resultado mais valioso da investigação de Campbell no que se refere ao desenvolvimento histórico dos mitos e das religiões, em diferentes culturas, está retratado na série *As máscaras de Deus*, dividida em quatro volumes: *Mitologia primitiva* (1959), *Mitologia oriental* (1962), *Mitologia ocidental* (1964) e *Mitologia criativa* (1968). A tetralogia, traduzida e publicada no Brasil, demonstra a criação de mitos que originaram religiões ao redor do mundo, cruzando dados e histórias diversas, apontando semelhanças, situando os verdadeiros e disfarçados interesses dessas instituições religiosas como forças sociais e, por fim, desvelando metáforas de histórias mitológicas.

Em *As máscaras de Deus: mitologia ocidental* (2004), Campbell afirma que o foco do livro é demonstrar às "mentes estreitas ou mal orientadas que os mitos tendem a se tornar história" e isso é lamentável, acrescenta. Nesse mesmo livro, cita fragmentos de *Mito e ritual no cristianismo*, do filósofo e estudioso de religião comparada Alan Watts. O autor afirma que o cristianismo é dotado de uma "hierarquia ortodoxa que degradou o mito até convertê-lo em ciência e história. Porque, quando o mito é confundido

---

[43] BROWN, 2003, p. 14.

com a história",[44] deixa de cumprir a função de alimento da vida interior do homem. Para Eugene Kennedy, "o propósito de Joseph Campbell em explorar os mitos bíblicos não é descartá-los como algo inacreditável, mas sim reabrir seu núcleo vivo e fortificante"[45].

> Muitos elementos da Bíblia parecem sem vida e impossíveis de acreditar porque têm sido interpretados como fatos históricos em vez de representações metafóricas de realidades espirituais. Têm sido aplicados de um modo concreto a grandes figuras como Moisés e João Batista, como se fossem relatos reais e vívidos de suas ações.[46]

Consoante Kennedy (2003), a inabilidade de compreender a natureza metafórica das narrativas religiosas impele os homens à organização de numerosas cruzadas e caríssimas expedições no afã de localizar, por exemplo, os restos da Arca de Noé, no monte Ararat. Como evidentemente jamais os encontram, acreditam que "perderam por pouco, pois a arca deve ter literalmente existido e a madeira usada em sua construção deve estar em algum lugar, ainda escondida dos olhos humanos"[47].

Grande é a tribulação humana para compreender que a Arca de Noé não é algo material e concreto. Antes, só pode ser encontrada "por aqueles que entendem que ela é um veículo mitológico que faz parte de uma história extraordinária, cujo sentido não é a documentação histórica, mas a iluminação espiritual, uma vez que interpretar o Livro do Gênesis como mito não é destruí-lo, mas redescobrir sua vitalidade e relevância espiritual"[48].

Tal qual Joseph Campbell, escritores da área literária dão-se conta de que a semelhança entre mitos em diferentes culturas deslinda uma espécie de repetição ou, até mesmo, recriação. Sociedades situadas em lados opostos do globo terrestre revelam narrativas míticas que, indubitavelmente, empregam símbolos, temas e motivos idênticos. A escritora belga Anne Provoost (2004) empreendeu uma releitura da história da Arca de Noé, a partir da perspectiva de um adolescente não contemplado a tomar assento no veículo mitológico.

---

[44] WATTS *apud* CAMPBELL, 2004, p. 416.
[45] KENNEDY, 2003, p. 14.
[46] Op. cit.
[47] Op. cit., p. 15.
[48] Op. cit., p. 15-16.

No livro *À sombra da arca*, Anne Provoost observou que, em quase todas as culturas por ela investigadas, há uma história mitológica de inundação. Ela apurou mais de cento e cinquenta mitos antigos sobre o mesmo tema, documentados em todo o mundo. Uma explicação para tais similaridades advém do fato de que a psique humana é, essencialmente, congruente por todas as partes. Fora desse terreno comum, o fato vem denominado por Jung como arquétipo, que, para Campbell (2003), são os temas universais presentes nos mitos.

Ao comentar sobre a universalidade dos símbolos mitológicos, o escritor mexicano-estadunidense Gregory Nava discute as semelhanças entre os mitos de sua infância e outros sistemas de crença, durante uma conversa com o jornalista Bill Moyers, em 2002. Moyers foi quem entrevistou Joseph Campbell na primeira metade da década de 1980. As vinte e quatro horas de gravação entre os dois resultaram no documentário *Joseph Campbell e o poder do mito*, exibido na televisão aberta dos Estados Unidos, em 1988.

Ao longo da conversa com Moyers, Nava abordou a encarnação da palavra, ou seja, o ato pelo qual os seres, a quem se atribui divindade, materializam-se, fato também presente na mitologia pré-colombiana na forma do deus Quetzalcoatl, a serpente emplumada, muitas vezes comparada a Jesus Cristo. Logo, podemos inferir que a serpente emplumada também pode ser comparada a Buda porque, assim como ele, qualquer humano pode se descobrir uma serpente emplumada, caso atinja um determinado ponto de iluminação.

Em uma de suas palestras memoráveis – várias delas reunidas em livros e traduzidas no Brasil –, Campbell aborda um trecho do livro sagrado do budismo, em que Buda estica uma das mãos e, de cada dedo, sai um tigre que ataca seus inimigos. Se esse trecho estivesse na Bíblia, com Jesus Cristo como protagonista, fundamentalistas o interpretariam de forma literal e denotativa, sem margem a conotações simbólicas. Conforme revela Campbell, a "incapacidade de acompanhar as estruturas mitológicas da imaginação religiosa tem isolado os crentes fundamentalistas em suas ferozes e frequentemente violentas defesas de uma fé literal e concreta, em todas as partes do mundo"[49].

---

[49] KENNEDY, 2003, p. 16.

Em *Tu és isso, transformando a metáfora religiosa*, Campbell (2003) fornece as bases à compreensão da tradição judaico-cristã, preocupado em solucionar problemas emanados de interpretações equivocadas, que transformam metáforas religiosas em fatos históricos. Para ele, o nascimento virginal não se refere à condição biológica de Maria, mãe de Jesus, mas ao renascimento do espírito, que todos podem vivenciar. Esse é apenas um dos vários exemplos tratados por Campbell para elucidar a riqueza e os mistérios divinos contidos em mitos da tradição judaico-cristã.

Para Campbell (2003), com grande discrepância em relação às religiões orientais, as religiões ocidentais, judaísmo ou cristianismo, "enfatizam bastante o aspecto estritamente histórico, de modo que acabamos adorando o evento histórico, em vez de sermos capazes de ler por meio do evento e encontrar a resposta espiritual por nossa conta"[50].

> Nasci e fui criado no catolicismo, e era um católico devoto. Minhas crenças, porém, se dissiparam porque a Igreja lia e apresentava os símbolos em termos concretos. Por muito tempo, tive um terrível ressentimento contra a Igreja e nem podia pensar em entrar numa igreja católica. Depois, por meus estudos de mitologia e assuntos correlacionados, comecei a entender o que realmente tinha acontecido – isto é, eu tinha chegado à conclusão que a religião organizada deve se apresentar de uma maneira para as crianças e de outra para os adultos. O que eu rejeitava eram as formas históricas literais, concretas, que só tinham sido apropriadas na minha infância. Quando percebi isso, compreendi melhor a mensagem. Qualquer um pode fazer isso. É inevitável ensinar às crianças em termos puramente concretos. Mas um dia a criança cresce e descobre quem é Papai Noel. Ele é, na verdade, o papai. Assim, nós também devemos crescer enquanto aprendemos sobre Deus, e as igrejas institucionais devem crescer na forma como apresentam a mensagem dos símbolos aos adultos.[51]

O conflito vivido por Campbell, em relação à religião católica, veio a termo ao fim de sua vida, quando o estudioso das religiões tratava de um câncer em um hospital de Honolulu, Havaí. Para melhor elucidar, cumpre mencionar que Eugene Kennedy (2003) retoma fragmentos do artigo *Campbell e o catolicismo*, da ensaísta Pythia Peay, que opera na interface entre a psicologia

---

[50] CAMPBELL, 2003, p. 99.
[51] Op. cit., p. 99-100.

e a espiritualidade, e revela alguns elementos que auxiliam na compreensão do suposto fim do conflito campbelliano:

> Campbell estava passando por um tratamento a laser no hospital St. Francis, em Honolulu. O quarto dele, como todos os outros naquele hospital, tinha um pequeno crucifixo de bronze na parede. Em vez da imagem de Cristo sofrendo, preso à cruz e ensanguentado, a figura na cruz estava vestida, com a cabeça erguida, os olhos abertos e os braços estendidos no que parecia ser um abraço quase alegre do divino. Esse era o Cristo Triunfante que Campbell tinha escrito como sendo um símbolo do zelo da eternidade pela encarnação no tempo, que envolve a dissolução de um em muitos e a aceitação dos sofrimentos de maneira confiante e alegre. Segundo Peay, Campbell "experimentou profundamente o âmago do símbolo cristão" durante as últimas semanas de sua vida. Ela cita a esposa de Campbell, Jean Erdman, dizendo: "Ele se emocionava ao ver isso, porque para ele era o significado místico de Cristo que refletia o estado de reconciliação com o Pai". No quarto do hospital, segundo sua esposa, "ele experimentou emocionalmente o que tinha compreendido intelectualmente". Ver essa imagem num hospital católico ajudou-o a libertar-se do conflito que tivera com a religião em sua infância.[52]

Em seu esforço intelectual para observar as narrativas míticas das culturas ocidentais e orientais, o autor constrói um meta-modelo compreensivo que diz respeito às singularidades da evolução mítica da humanidade. Segundo Campbell, em todo o Oriente prevalece a ideia de que o último plano da existência é algo além do nosso pensamento e do nosso entendimento. Sendo assim, podemos acreditar no mistério, mas não racionalizar ou querer situá-lo histórica e geograficamente, de maneira que não há no Oriente o culto como o conhecemos no Ocidente, como se pode perceber em diferentes linhas orientais de pensamento religioso: *saber é não saber, não saber é saber* (Upanishads[53]); *os que sabem permanecem quietos* (Tao Te King); *isto és tu* (Vedas). Atingir o outro lado da margem do pensamento em busca de paz e bem-estar é a finalidade do mito oriental.

O mito ocidental, por sua vez, sempre revela um criador e uma criatura, em constante conflito e, geralmente, há alguém ou algo a causar

---

[52] KENNEDY, 2003, p. 18.
[53] Trata-se de textos filosóficos considerados como fonte primitiva da religião hindu, cujas elaborações são atribuídas a diversos autores.

desarranjo, a atormentar; seja um diabo, seja um extraviado da criação. Diante da parca importância do ser humano em presença de um Deus tão exigente, resta o dever de ajoelhar-se e servi-lo, sem questionar, mas apenas obedecer a parâmetros rigorosamente ditados por alguma instituição, como uma igreja ou qualquer outra denominação. É uma religião de subserviência, cuja gestão é o conflito e o terrorismo psicológico, impostos pelas lideranças religiosas ou autoimpostos pelos praticantes.

Para Campbell (2004), "o divisor geográfico entre as esferas oriental e ocidental do mito e do ritual é o planalto do Irã". O terceiro volume do livro *As máscaras de Deus*, que trata da *mitologia ocidental*, escrito originalmente em 1964, relata o nascimento da religião muçulmana e sua expansão no Oriente Médio, tornando-se ameaça ao cristianismo. O volume também narra as tensões no Ocidente que abalavam a ordem cristã, sustentada por uma mitologia de autoridade clerical.

Hoje, nenhum adulto dotado de racionalidade e não adepto ao fundamentalismo religioso, voltar-se-ia ao Livro do Gênesis com o propósito de obter conhecimento concreto acerca das origens da Terra, das plantas, dos animais e do homem. Em realidade, não houve nenhum dilúvio, nenhuma Torre de Babel, nenhum primeiro casal no Paraíso e, entre a primeira aparição do homem na Terra e as primeiras construções de cidades, não há uma geração (de Adão para Caim), mas milhares delas que devem ter vivido nesse mundo e, talvez, passado a outro. Hoje, a tendência do homem racional e questionador é voltar-se à ciência em busca de imagens do passado e da estrutura do mundo. O que os demônios rodopiantes do átomo e as galáxias, das quais aproximam-nos os telescópios, revelam é uma maravilha que torna a Babel bíblica uma fantasia do rico reino imaginário de nossa mitologia, muito embora essa percepção ainda não esteja nítida aos muitos religiosos fundamentalistas, que interpretam a Bíblia de forma literal, alguns com intenções escusas.

Para Kennedy (2003), "os esforços de Campbell podem ser comparados àqueles de um mestre restaurador de arte que deseja que vejamos novamente a obra-prima de nossa herança espiritual ocidental, como era, antes de ser obscurecida e alterada pela história"[54]. As reflexões de Joseph Campbell aludem a

---

[54] KENNEDY, 2003, p. 20.

um desdobramento do tempo que configura uma cadeia de transformações das narrativas mitológicas fundantes das culturas. Tal metamorfose pode bem exemplificar uma cosmologia do pensamento que dá conta da evolução dos dispositivos narrativos dessas culturas humanas.

Do Buda que lança tigres dos dedos de sua mão, bem caberia uma analogia à árvore da evolução darwiniana. Falar do último plano da existência e dos ritos religiosos que partem do Oriente para o Ocidente, bem como de um criador e de uma criatura, de um extraviado da criação e da busca de imagens do passado para construir a estrutura do mundo do presente, demonstra, claramente, estratégias do pensamento que aludem à noção de cadeia de sucessão das cosmologias culturais. Contudo, longe de circunscrever um evolucionismo linear que apregoa a mutação do simples para o complexo, as ideias de transformação mítica em Campbell supõem diversidade, pluralidade e mudança de rota. Estamos aqui, ao que parece, diante de um evolucionismo repaginado, com os artifícios e as estratégias epistemológicas de leitura do imaginário humano.

No tomo 1 do *Livro do conhecimento*, Henri Atlan (2000) oferece uma chave de compreensão que cabe muito bem para aquilatar a magnitude do pensamento de Joseph Campbell. Nesse livro, Atlan define o conhecimento como *centelhas do acaso* materializadas nas "gotas de esperma de Adão", que "segundo a lenda se espalhou durante 130 anos" depois que Adão se separou de Eva[55].

A metáfora do esperma de Adão usada por Henri Atlan retrata bem a constelação arquetípica e universal construída pelo autor objeto deste estudo. Henri Atlan questiona se esse *conhecimento espermático* não seria "a origem esquecida das nossas intuições", aquele magma capaz de operar a religação entre uma "física da alma e do corpo". Uma anatomia de um *conhecimento desperto* que emerge da fusão *do sonho e da ilusão* travaria um bom argumento de tese para adentrar a polifonia dos mitos campbellianos.

> Conhecimento, sexualidade, procriações, conceitos e concepções, nascimentos e abortos, anjos e demônios, envelhecimento, doença e morte, as ciências e as técnicas remetem-nos incessantemente para estes eternos problemas, inerentes à condição humana, renovando, todavia, os

---
[55] ATLAN, 2000, p. 13.

seus termos, de forma por vezes dramática e aparentemente inaudita. Nova ciência, nova moral? Quem pode decidir, como e com quê? Com que conceitos, que concepções do mundo, da existência, do que é bom e do que é mau? Com que palavras falar disso? Que estilo? O modo empírico-lógico das ciências e das técnicas, cujos termos são indispensáveis para formular os problemas? O modo narrativo da literatura? As imagens faladas da televisão?[56]

Discorrer sobre eternos problemas inerentes à condição humana, irradiados de narrativas ancestrais ou contemporâneas, infalivelmente percorreu o horizonte delineado por um cidadão então nova-iorquino, hoje considerado conterrâneo de uma ciência planetária. Em seus estudos realizados sobre a mitologia no universo cultural humano, chegou a importantes conclusões. Todas as narrativas, conscientes ou não, surgem de antigos padrões do mito. Em suas pesquisas com os mitos de diferentes culturas, chegou a afirmar que todas as narrativas desse gênero contam a mesma história, porém, com variações, pois são adaptadas à realidade de quem as conta. Seus detalhes são diferentes em cada cultura, mas, fundamentalmente, são sempre iguais[57]. Para Campbell, toda cultura antiga e pré-moderna utilizava uma técnica ritmada para contar as histórias retratando protagonistas e antagonistas com certas motivações e traços de personalidade constantes, num padrão que transcende as fronteiras da língua e da cultura.

Lendo os mitos dos povos indígenas norte-americanos, Campbell não demorou muito para encontrar, nessas histórias, os mesmos motivos mitológicos que as freiras lhe ensinavam na escola de orientação católica. Temas como a criação do mundo, a morte, a ressurreição, a ascensão aos céus, os nascimentos virginais, e tantos outros, também estavam presentes nas histórias dos povos nativos norte-americanos. "Eu não sabia do que se tratava, mas reconheci o vocabulário. Fiquei excitado. Foi o início do meu interesse por mitologia comparada. Mas eu só comecei a análise comparativa muitos anos mais tarde"[58], afirma Campbell.

Ainda que Campbell tenha iniciado a análise comparativa após vários anos, é importante assinalar que sua compreensão sobre os temas das histórias mitológicas, em ambos os sistemas — católico e indígena — deu-se

---

[56] Op. cit., p. 13-14.
[57] CAMPBELL, 1998.
[58] CAMPBELL, 1998, p. 11.

muito precocemente. Com a idade de onze ou doze anos, já estava bastante informado sobre o assunto. Ele fez essa revelação durante o conjunto de entrevistas concedidas a Michael Toms, publicadas em *An Open Life* (1990).

Em entrevista a Bill Moyers (1998), Campbell afirma que reconheceu as mesmas histórias ao se interessar pelo hinduísmo e que percebeu a repetição dos mesmos temas quando começou a elaboração de sua pesquisa de mestrado em Literatura, intitulada *O golpe doloroso*, ao lidar com a matéria do ciclo arturiano das novelas de cavalaria medievais. "Portanto, não me venha dizer que não são as mesmas histórias. Tenho convivido com elas toda a minha vida"[59], afirma o mitólogo.

Por volta dos dez anos de idade, Campbell já estava empenhado na atividade que, mais tarde, faria dele um dos principais investigadores de mitologia comparada do século XX. Escritor, professor, editor, tradutor, músico, orador e pesquisador incansável, examinou os mitos de vários povos, em todos os tempos, e encontrou semelhanças e pontos em comum entre eles com sagaz intuição. Sobre o trabalho docente e de escrita, Campbell comenta que

> Lecionar na Faculdade Sarah Lawrence me tomava o dia todo. Não era uma questão de dar uma aula e ir embora. Os empregos de tempo integral representavam trabalhar quatro dias inteiros por semana. Quando comecei a escrever negociei um esquema, de modo que dava aulas três dias na semana e podia reservar quatro dias para escrever. Foi esse o equilíbrio que achei. Naturalmente, durante as férias de verão, eu só escrevia. Nos anos transcorridos entre a publicação de *A Skeleton Key to Finnegans Wake* [Uma chave interpretativa para o Finnegans Wake], em 1944, e a minha aposentadoria na Sarah Lawrence, publiquei quinze obras importantes e extensas. Pode-se trabalhar muito quando se tem perseverança e entusiasmo pelo trabalho, pois se trata de uma diversão. Acho que, na verdade, estou bem satisfeito com o resultado. Eu escrevia um dos livros de manhã, outro à tarde e ainda outro à noite. Três projetos realizados algumas vezes simultaneamente.[60]

O seu estudo comparativo das mitologias do mundo aduz o leitor à história cultural da humanidade como uma unidade. Conforme mencionamos, temas como o roubo do fogo, o dilúvio, a terra dos mortos, os

---

[59] Op. cit.
[60] CAMPBELL, 2003, p. 156-157.

nascimentos por mães virginais e o herói ressuscitado estão presentes nas histórias míticas do globo. Figuram em toda parte revestidos de novas combinações e repetem-se à semelhança dos elementos de um caleidoscópio.

Para Campbell, "um dos aspectos mais entusiasmantes e comoventes da mitologia é a sua universalidade"[61], ou seja, quando se descobrem os padrões recorrentes nas histórias espalhadas nas culturas ao redor do mundo. Ele acreditava que era chegada a hora de encarar essas mitologias como máscaras de uma mitologia maior, pois ainda não fora encontrada nenhuma sociedade humana em que tais motivos mitológicos não tivessem sido repetidos em liturgias, interpretados por profetas, poetas, teólogos ou filósofos, que também não tivessem sido representados nas artes, exaltados em hinos e experimentados com êxtase em visões vivificadoras.

A expressão *unitas multiplex* utilizada por Edgar Morin (2008) em *O método 1* amolda-se muito bem a essa leitura da civilização humana pelas narrativas mitológicas e religiosas. A unidade defendida por Campbell não é outra senão a confluência de faces distintas de uma mesma matriz arcaica que 'maestra' a condição humana.

O pensamento complexo, artífice da visão complexa da realidade, aproxima-nos do ideal da *unitas multiplex*, pelo qual conseguimos perceber a diversidade e a heterogeneidade das partes que ultrapassam o ângulo de um todo uno e homogêneo. A atitude mental de associar as ideias de unidade e multiplicidade, em lugar de opô-las, estimula nosso pensar e descortina um novo universo de compreensão da realidade.

A perspectiva da *unitas multiplex* torna inteligível a simultaneidade das afirmações a seguir, aparentemente contraditórias: o todo é mais que as partes; as partes são mais que o todo. O todo é mais que a soma das partes pelo fato de que a inter-relação em que elas se encontram produz a emergência de algo novo no todo, uma vez que o mosaico é mais que um amontoado de pedrinhas. As partes são mais que o todo porque este impõe restrições às singularidades daquelas, que passam a recalcar virtualidades e valores para se integrar ao todo.

---

[61] CAMPBELL, 2003, p. 161.

As máscaras de uma mitologia maior não são, senão, um conjunto de repetições de elementos de um caleidoscópio da condição humana tão diversa e múltipla, tão singular e universal. Para Campbell, todos nós fomos criados de um único fundo de motivos mitológicos selecionados, organizados, interpretados e ritualizados de modo diferente, de acordo com as necessidades locais, mas venerados por todos os povos da Terra. Tais necessidades, concretas ou imaginárias, fundam o *cimento mitológico* do qual fala Claude Lévi-Strauss para defender a hipótese da unidade das culturas.

Campbell estudou Biologia e Matemática. "Em 1921 ingressou na Faculdade de Dartmouth e fez um curso de um ano, mas se sentiu, 'completamente desorientado', chegou a considerar o fato de deixar os estudos para dedicar-se aos negócios."[62] "No verão de 1922, um amigo da família presenteou-lhe a biografia de Leonardo da Vinci, grande fator motivacional que o fez solicitar transferência para a Universidade de Columbia."[63]

Ao que parece, a biografia do pintor renascentista italiano fez Campbell mudar o foco de seu interesse das "Ciências Naturais para a História da Cultura" e para as Ciências Humanas. Em 1925, formou-se em Artes pela Universidade de Columbia e, dois anos depois, em 1927, concluiu a pós-graduação em Literatura Medieval, mesmo ano em que auferiu a bolsa *Proudfit Travelling Fellowship* e viajou à Europa com o objetivo de dar continuidade às suas pesquisas sobre o ciclo arturiano na Universidade de Paris (1927-1928). Ao regressar aos Estados Unidos, obteve a renovação da bolsa e seguiu viagem rumo à Alemanha para retomar os estudos na Universidade de Munique (1928-1929).

Artes no Velho Mundo

Durante o período no Velho Continente, Campbell conheceu pessoalmente o escultor francês Antoine Bourdelle (1861-1929) e suas obras. Foi Angela Gregory, uma jovem escultora de Nova Orleans, que trabalhava com Bourdelle, que o apresentou a Campbell. "Fui até o estúdio e encontrei aquele homem mágico, Antoine Bourdelle. Já estava com oitenta e tantos

---

[62] COUSINEAU, 2003, p. 34.
[63] Op. Cit.

anos[64]. Ouvi-lo falar de arte e do que era a arte. Uma de suas frases: 'a arte faz emergir as grandes linhas da natureza', entrou na minha mente e me tem servido de guia desde aquela época."[65]

Campbell conheceu, também, as pinturas do espanhol Pablo Picasso (1881-1973), do francês Henri Matisse (1869-1954) e do pintor suíço, naturalizado alemão, Paul Klee (1879-1940). Entrou em contato com os escritos do romancista alemão Thomas Mann (1875-1955), do irlandês James Joyce (1882-1941) e dos psicanalistas Sigmund Freud (1856-1939) e Carl Gustav Jung (1875-1961), cujas artes e *insights* teóricos iriam influenciar significativamente a sua própria obra.

> Passei dois anos na Europa, um na França e outro em Munique, e o mundo todo se abriu para mim. Foi no final da década de 1920 (1927, 28 e 29), e nem se pode imaginar o que foi isso. O que quero dizer é que hoje os americanos estão tão dispersos com o que se passa no restante do mundo que nem podem imaginar como as coisas se passavam quando eu era jovem. A descoberta da Arte Moderna aconteceu enquanto eu estava lá. Nunca me esquecerei do momento em que entrei em uma exposição, no *Bois de Boulogne*. Havia sido montado um grande pavilhão para os *Indépendents* — os artistas intransigentes que não estavam expondo nas galerias oficiais. Acontece que esses artistas eram gente como Picasso e Matisse, Miró e Brancusi... E todo o resto. Eu viera daquela velha América rural, um mundo totalmente distante daquele, de vanguarda, tudo isso era inteiramente novo. E então ali mesmo aconteceu minha abertura para o mundo das artes e a sua relação com a minha vida. Para mim a descoberta total aconteceu naquele momento na Universidade de Paris. Até ali eu seguira o caminho estreito e reto do saber. Vivia em um quartinho na Rue de Staël, que fica do outro lado, no fim do Boulevard Montparnasse. E desse lado, ficava a universidade no Boulevard Saint-Michel. Então, qual era o meu percurso para chegar do meu quartinho à universidade? Tinha de atravessar os bulevares Montparnasse e Raspail. Eu acabara de chegar dos Estados Unidos. Não tinha ideia do que era Arte Moderna. E havia também um livro grande azul em todas as livrarias — *Ulysses*! Ninguém tinha um exemplar dele nos Estados Unidos e eu tive de contrabandear o meu para lá.[66]

---

[64] Campbell (ou o tradutor) equivocou-se sobre a idade de Bourdelle, uma vez que o escultor francês contava 68 anos quando faleceu.
[65] CAMPBELL, 2003, p. 65.
[66] CAMPBELL, 2003, p. 61-62.

Em Paris, Campbell frequentemente visitava a *Shakespeare and Company* e tornou-se amigo de Sylvia Beach (1887-1962), sua compatriota. Essa lendária livraria na época era frequentada por importantes escritores, como James Joyce.

> Resolvi dar uma volta pela *Place de l'Odéon*. Lá encontrei a livraria *Shakespeare and Company*, e também Sylvia Beach. Entrei na loja como um jovem acadêmico indignado e perguntei: "Que espécie de literatura é esta?". [Campbell refere-se a *Ulysses*, de James Joyce] E Sylvia me explicou e vendeu uma porção de livros. E isso mudou a minha carreira. Quando se termina de ler *Ulysses* pela terceira ou quarta vez e se está situado em relação a ele, é muito empolgante. O que temos é a mais pura experiência, bem diante de nós, e é um prazer lê-lo e relê-lo, muitas, muitas e muitas vezes. Nunca tive esse tipo de experiência com outro autor. Comprei o livro em Paris em 1927 e desde aquela época eu o venho lendo. E o prazer que tenho é o mesmo a cada vez. Tempos depois, Sylvia Beach vendeu-me o jornal *Transições*, no qual algumas das primeiras versões de *Finnegans Wake* estavam aparecendo sob o título *Obra em processo*.[67]

Capa de Ulysses, de James Joyce.

Reprodução.

---

[67] CAMPBELL, 2003, p. 63-65, e *passim*.

Posso afirmar que Campbell desembarcou na França em um momento de grande efervescência nas artes e na literatura. Em *A autobiografia de Alice B. Toklas*, publicada originalmente em 1933, a escritora norte-americana Gertrude Stein (1874-1946) apresenta uma narrativa sobre as origens e os criadores da arte e da literatura moderna na Paris do início do século XX. Gertrude desembarcou em Paris em 1903 e escreveu, com venerável engenhosidade o referido livro, uma espécie de autobiografia. A narradora do livro é Alice Toklas (1877-1967), sua companheira durante grande parte da vida. Esse artifício de mudança do foco narrativo, pela apropriação do nome do personagem, permitiu-lhe discorrer sobre si na terceira pessoa. Elas viviam no lendário número 27 da Rue de Fleurus, próximo ao Jardim de Luxemburgo, onde reuniam amigos como Pablo Picasso, Henri Matisse, Ernest Hemingway, Jean Cocteau e Scott Fitzgerald, todos ainda jovens e desconhecidos, em reuniões informais e frequentes festas. Seus convidados podiam também admirar uma das maiores coleções de Arte Moderna do século XX, que incluía o retrato da anfitriã pintado por Pablo Picasso, em 1906. Grande apreciadora de artes plásticas, seu apartamento era um verdadeiro museu. "Nas paredes havia quadros até a altura do teto."[68]

É atribuída a Stein a expressão "geração perdida", para classificar um grupo de escritores norte-americanos, como Ezra Pound, T. S. Eliot, Hemingway e Fitzgerald, que viveu na Europa entre a Primeira Grande Guerra e a Crise de 1929. No livro *E foram todos para Paris* (2011), o jornalista Sérgio Augusto afirma que Gertrude ouviu "a expressão numa oficina mecânica, aonde fora levar seu Ford Modelo T para consertar o arranque. O mecânico encarregado não dera conta do serviço; Gertrude estrilou, e o dono da oficina não só deu razão à cliente como esbravejou com o empregado: Todos vocês que serviram na guerra são uma *génération perdue*!"[69].

---

[68] STEIN, 2011, p. 15.
[69] AUGUSTO, 2011, p. 18-19.

Retrato de Gertrude Stein pintado por Pablo Picasso, 1906.

Residência onde viveu Gertrude Stein e Alice Toklas, Paris, 2012.

Foto: Iran Abreu Mendes

Gertrude Stein, escritora norte-americana. Viveu com seu irmão Léo Stein, depois com Alice B. Toklas onde recebeu numerosos artistas e escritores de 1903 à 1938.

Foto: Iran Abreu Mendes

Quando falamos em Arte Moderna, deve-se ter em mente que, em geral, este conceito difere da maneira como esta nomenclatura é empregada no senso comum. Isto se dá porque as divisões que usamos para determinar períodos da história da arte são de cunho didático. Assim, a aceitação de tais divisões não pode sobrepor-se ao entendimento de que os processos históricos que produzem as manifestações artísticas são resultado de interações humanas e influências socioculturais que se entrelaçam continuamente, e não podem, portanto, ser tomados como uma separação rígida e irreconciliável.

Nesse sentido, o conceito de Arte Moderna possui um significado amplo, que abrange manifestações das Artes Visuais, Arquitetura, Literatura, Música e Artesanato, produzidas aproximadamente no período entre o fim do século XVIII e meados do século XX. A determinação do fim do século XVIII como início da Arte Moderna não é aleatória. Deve-se a dois eventos a definição de mudanças profundas na ordem social, cultural, política e econômica europeia: a Revolução Industrial e a Revolução Francesa. Foram marcos que reconfiguraram a mentalidade europeia e serviram como catalisadores para uma mudança de percepção e uma crise artística, na qual artistas e público tiveram de encontrar novas maneiras de se relacionar com as obras. Portanto, quando falamos em Arte Moderna, referimo-nos às manifestações artísticas que foram produzidas como fruto de um novo espírito do tempo, cujas raízes podem ser encontradas na valorização iluminista da razão e do individualismo que caracterizaram este período, definido por um senso de ruptura e insatisfação com as tradições[70].

A Revolução Industrial transformou os processos de produção e consumo, afetando também a arte, o artesanato e a função social de ambos. Anteriormente, no período Medieval, a formação artística acontecia por meio de um processo de aprendizado não sistematizado nos ateliês dos mestres, nos quais a autoria das obras era por vezes compartilhada entre vários artífices. No Renascimento, os ateliês e oficinas se mantiveram. Contudo, o antropocentrismo crescente contribuiu para o fortalecimento da noção de sujeito, o que permitiu a consolidação da figura do artista como alguém apartado da sociedade, cujo nome acompanhava e emprestava

---

[70] GOMBRICH, 1999.

prestígio à obra de arte. Ao artesão restou a produção de ornamentos e produtos utilitários[71].

Com a chegada da indústria, a distância entre quem fazia ou não arte aumentou consideravelmente, uma vez que a possibilidade de produzir itens em série tornou mais valiosa a obra de arte como um item exclusivo, e criou para os artistas a necessidade de afastar qualquer associação de sua arte com atividades meramente mercantis[72].

Por sua vez, a Revolução Francesa teve um profundo impacto sobre os modos de vida europeus, mesmo nos países onde não houve mudança de regime político. Os valores burgueses prevaleceram, constituindo um novo público, ávido por consumir arte tanto como um símbolo de ostentação quanto como uma maneira de adquirir *status* cultural[73]. Além disso, os valores iluministas que guiaram a revolução na França, e renderam ao século XVIII o epíteto de Século das Luzes, trouxeram consigo novas concepções sobre educação, o que também afetou a formação artística. A informalidade dos ateliês cedeu espaço às academias, onde o processo educativo foi estruturado de maneira a conferir ao estudante uma série de conhecimentos sistematizados a partir dos princípios estabelecidos pelos grandes mestres do passado, visando acima de tudo a excelência técnica. Tal institucionalização da atividade artística resultou em uma "arte oficial das academias"[74], com a valorização de temas que exaltavam os valores iluministas, os novos heróis nacionais buscavam chamar atenção de compradores para os salões, diferente da arte espontânea daqueles que não se atinham às regras acadêmicas e buscavam experimentações.

Essa mudança nos temas que dominavam a pintura e a escultura foi mais um desdobramento no processo de transformação que vinha acontecendo desde a Reforma Protestante, no século XVI. A proibição de imagens por parte dos reformadores havia feito com que os artistas perdessem, em grande parte da Europa, tanto o mecenato das autoridades eclesiásticas quanto uma das principais funções sociais da arte, que era a ornamentação das igrejas e a produção de imagens religiosas para devoção particular. As-

---

[71] ASTON, 1996.
[72] GOMBRICH, 1999.
[73] ASTON, 1996.
[74] GOMBRICH, 1999, p. 481.

sim, os artistas, para os quais a igreja era a maior fonte de incentivo e demanda de produção, perderam parcela relevante de sua clientela. Afastados dos ambientes religiosos, tiveram de encontrar um novo público e, consequentemente, novos temas. Somado ao processo de crescente secularização da sociedade, que culminou no Iluminismo e no anticlericalismo que se seguiram à Revolução Francesa, os artistas modernos desenvolveram-se em um contexto em que enfrentavam o problema de encontrar tanto um público que lhes possibilitasse viver de seu trabalho quanto um propósito, no que diz respeito à função que a obra de arte teria na sociedade. Assim, sem ter a incumbência de fazer arte que servisse, antes de qualquer coisa, a uma finalidade social bem definida, "pela primeira vez tornou-se verdade que a arte era um veículo para expressar a individualidade"[75].

Estes movimentos fizeram vir à tona o problema do estilo. Não obstante as profundas mudanças operadas nas Artes no período do Renascimento, ainda se mantinha certa unidade estética desde então. Os temas e técnicas dos artistas renascentistas estavam assentados sobre bases comuns e tinham como sustentáculo algumas concepções bem definidas do que era a arte e qual o seu propósito, bem como a respeito do que era aceitável e desejável em uma obra. Essa unidade da estética renascentista também era representativa da visão de mundo que dominava a Europa naquele período. Unidade que se manteve mesmo na transição para outros estilos, como o Barroco e o Rococó, por exemplo.[76]

A produção industrial possibilitou, a partir do século XVIII, a reprodução em massa de ornamentos arquitetônicos diversos sem a necessidade de empregar um artífice. Eram comuns "livros de estilo" onde se podia escolher colunas, volutas e arabescos remetentes a épocas passadas, ao gosto do comprador. Assim, também a pintura produzida nas academias exibia uma unidade de temas e técnicas. Para resolver o problema da ausência de demanda, foram criados, em Paris, os primeiros salões de exposições coletivas, com o objetivo de atrair compradores.[77]

A tecnologia tornara possível reproduzir e misturar em uma mesma construção elementos estilísticos de qualquer época, o que ficou conhecido

---

[75] GOMBRICH, 1999, p. 502.
[76] GOMBRICH, 1999.
[77] GOMBRICH, 1999.

como Ecletismo. As noções iluministas fizeram com que a elite intelectual abraçasse o Neoclassicismo, que se baseava em uma concepção idealizada da Antiguidade Greco-Romana. A produção industrial do ferro evoluiu a ponto de permitir a produção de intrincados padrões sinuosos e assimétricos, que resultaram da tentativa de alguns arquitetos de encontrar um estilo diferente de tudo o que viera antes. Essa "arte nova", ou *Art Nouveau*, como ficou conhecido o movimento, se popularizou e suas influências chegaram ao artesanato, à indústria têxtil, ao design de moda e à publicidade.[78]

Em uma época de tantas e tão profundas mudanças, a arte desse período é diversa e heterogênea, guiada pela necessidade de experimentar e descobrir novas formas de representação, o que resultou em uma multiplicidade de correntes estilísticas. Não obstante sua diversidade, as obras da Arte Moderna têm em comum a contestação das normas que até então haviam guiado o mundo das artes nos séculos anteriores.

O progresso tecnológico do período também alterou o fazer artístico: novos pigmentos e a criação de tubos de tinta portáteis permitiram que os artistas passassem mais tempo fora dos estúdios, observando a natureza. Esses estudos de observação ao ar livre, prática conhecida como pintura *plein-air*, permitiu expressar os efeitos de luz e cor de maneira inovadora, como mostram as obras de artistas como William Turner[79]. Essa pintura mais livre se distanciou da arte "oficial" que era produzida nas academias, embora, em princípio, ainda utilizasse técnicas baseadas nos ensinamentos acadêmicos. Os temas também passaram a ser mais simples e a importar menos do que a maneira como eram apresentados. Isto porque, ao romper com as convenções e com a produção artística que tinha como objetivo primário agradar possíveis compradores, a arte passa a refletir sobre a sua própria natureza, a examina a fundo e escolhe rejeitar as rígidas regras oficiais.[80]

As experimentações artísticas foram influenciadas também pelo desenvolvimento de estudos óticos sobre o espectro das cores e sobre como o olho humano as percebe, abrindo caminho para experimentações cada vez mais ousadas que, inicialmente, chocaram o público e a crítica. Ar-

---

[78] *Idem, ibidem.*
[79] GURNEY, 2010.
[80] GOMBRICH, 1999.

tistas hoje consagrados do Impressionismo tiveram suas obras a princípio rejeitadas como borrões de tinta desordenados. Porém, o objetivo desse distanciamento das convenções era encontrar soluções para problemas de representação, luz e cor, profundidade e significado da arte. Artistas impressionistas como Édouard Manet (1832-1883), Claude Monet (1840-1926) e Pierre-Auguste Renoir (1841-1919) procuraram descobrir como representar a efemeridade da luz e o efeito que esta causava sobre as cores, sem se ater a contornos, detalhes e efeitos graduais de luz e sombra. O objetivo era reproduzir na pintura o processo de percepção do olho humano.[81]

Isso gerou outra questão: como manter a fidelidade às cores e à luz sem perder a ordem, a definição e a noção de profundidade? As cores chapadas e composições sólidas e harmoniosas de pintores como Paul Gauguin, Vincent Van Gogh e Paul Cézanne resultaram na corrente Expressionista, que, por sua vez, deu origem à popularização das primeiras manifestações do que ficaria conhecido como design gráfico: a produção de cartazes e ilustrações que podiam ser reproduzidos em massa pela indústria para a publicidade popular do final do século XIX, início do século XX.[82]

Subjacentes a essas experimentações, jaziam questões fundamentais sobre a função da arte e do artista na sociedade. O desenvolvimento da fotografia foi o ponto de culminância dessas mudanças, uma vez que esta assumiu o papel de instrumento de registro documental e histórico, que uma vez foi da pintura. Assim, a ideia da pintura como representação fiel da realidade perdeu espaço no início do século XX. Isso abriu caminho para artistas que pretendiam abolir radicalmente qualquer tipo de representação reconhecível, o que deu origem à Arte Abstrata e a outras correntes, tais como o Concretismo, o Surrealismo e o Cubismo, que incorporaram as mais diversas influências, desde os motivos da arte indígena e africana até uma tentativa de fundir a pintura e a música, como o fez o pintor Wassily Kandinsky.[83]

A incursão de Campbell pelas artes no Velho Mundo, na década de 1920, ter-lhe-ia fornecido ocasião para elaborar suas teorias acerca dos mitos como produtos criativos da psique humana, os artistas como criadores

---

[81] GOMBRICH, 1999.
[82] GOMBRICH, 1999.
[83] GOMBRICH, 1999.

de mitos das culturas e as mitologias como manifestações criativas da necessidade humana de explicar realidades psicológicas, sociais, cosmológicas e espirituais. Um cenário mais ampliado de construção da ciência ocidental da época poderia ser sintetizado por fragmentos de ideias de pensadores, filósofos, cientistas e literatos nos vários domínios da cultura científica e das ideias emergentes na Filosofia, na Física, na Matemática, na Psicanálise, na Antropologia, para não me estender mais. Vejamos o quadro 1 a seguir:

Quadro 1 – Um breve panorama científico e filosófico século XX.

Albert Einstein (1879-1955)	Físico alemão. Revolucionou a física em várias frentes: sugeriu que a luz era feita de pequenos pacotes, atuais fótons; desenvolveu a teoria da relatividade; fomentou uma nova compreensão de tempo-espaço e universo.
Benoit Mandelbrot (1924-2010)	Polonês, de família judaica originária da Lituânia. Criador da geometria fractal – modelo matemático que comporta grande número de objetos de formatos irregulares – teoria das irregularidades. Esse modelo supera a geometria euclidiana que lida com formas suaves – círculos, elipses e triângulos e não prevê irregularidades. Sua descoberta original foi perceber que essas estruturas são fractais.
Bertrand Russell (1872-1970)	Matemático, lógico e filósofo britânico. Pacifista e socialista, inspirou a Fundação Russell pela paz. Declarou ser movido por três paixões: o amor, a sede de conhecer e a compaixão pelo sofrimento dos outros.
Carl Gustav Jung (1875-1961)	Psicanalista suíço e fundador da psicologia analítica. Considerado um dos melhores investigadores no campo da análise dos sonhos e da simbolização. Explorou áreas tangenciais que incluem a filosofia oriental e ocidental, a alquimia, a astrologia, a sociologia, a literatura e as artes. Introduziu e propôs diversos conceitos psicológicos: arquétipo, inconsciente coletivo, complexo e sincronicidade.
Claude Lévi-Strauss (1908-2009)	Antropólogo franco-belga. Considerado o fundador do estruturalismo antropológico. Foi membro da Academia Francesa e professor honorário do *Collège de France*. Dedicou-se à tetralogia *Mitológicas* e ao estudo dos mitos. Publicou uma extensa obra, reconhecida internacionalmente. Estudou os povos indígenas do Brasil no período de 1935 a 1939, quando lecionou na USP.

Edwin Hubble (1889-1953)	Astrônomo norte-americano. Mostrou que as galáxias distantes estão se afastando umas das outras (demonstração da expansão do universo).
Émile Durkheim (1858-1917)	Sociólogo francês, considerado um dos criadores da Sociologia moderna. Publicou estudos sociológicos sobre religião, suicídio, divisão social do trabalho, entre outros.
Erwin Schrödinger (1887-1961)	Físico austríaco e humanista. Prêmio Nobel de Física em 1933. Tornou-se famoso com o livro *O que é vida? O aspecto físico da célula viva*, publicado em 1944. Considerado um dos fundadores da ciência contemporânea no campo da teoria quântica.
François Jacob (1920-2013)	Nasceu na França. Foi agraciado com o Nobel de Fisiologia/Medicina de 1965. Foi membro da Academia Francesa de Letras, sendo-lhe atribuída a cadeira 38, pelas descobertas sobre a regulação genética das bactérias.
Franz Kafka (1883-1924)	Nasceu em Praga. Cresceu sob a influência de três culturas: a judaica, a tcheca e a alemã. Formou-se em Direito e fez parte da chamada Escola de Praga (movimento alicerçado no realismo e na metafísica). Em vida, não conseguiu atingir grande fama com seus livros. Morreu em um sanatório perto de Viena, vítima de tuberculose.
Gaston Bachelard (1884-1962)	Filósofo e poeta francês. Estudou as ciências e a filosofia. Formulou suas principais proposições para a filosofia das ciências, a historicidade da epistemologia e a relatividade do objeto.
Georges Lamaitre (1896-1966)	Abade e astrônomo belga. Foi professor na Universidade de Louvain. Inventor da teoria do Big-Bang sob o nome de Átomo Primitivo.
Gregory Bateson (1904-1980)	Biólogo e antropólogo inglês. Desenvolveu estudos sobre comunicação e cibernética. Suas ideias e contribuições estendem-se por diferentes campos do conhecimento. Como psicólogo, formulou a teoria do duplo laço da esquizofrenia e foi o pioneiro no processo da teoria familiar sistêmica. À frente do seu tempo em muitos aspectos, algumas das suas descobertas e teorias ainda estão sendo colocadas em prática.

Hubert Reeves (1932-)	Astrofísico, humanista e ensaísta canadense. Para ele, a história do universo é sintetizada na expressão "crescimento da complexidade", movimento que vai do indiferenciado ao diverso por meio de combinações inesperadas. O comportamento da matéria é uma resolução que provém de dois elementos fundadores: as leis e o acaso. O acaso opera a criatividade, o novo, o singular.
Ilya Prigogine (1917-2003)	Físico, químico e humanista. Nasceu em Moscou e viveu na Bélgica. Prêmio Nobel de Química em 1977 por suas pesquisas sobre a dinâmica dos sistemas longe do equilíbrio. Inverte as concepções de Einstein a respeito do tempo. Formula os conceitos de irreversibilidade do tempo, processos de bifurcação e flutuação.
Jacques Monod (1910-1976)	Nasceu em Paris. Biólogo e bioquímico. Prêmio Nobel de Medicina em 1965. É responsável pela descoberta do RNA mensageiro (molécula intermediária na síntese da proteína). Em 1971, assumiu a direção do Instituto Pasteur e, no mesmo ano, publicou *O acaso e a necessidade*, no qual postula que a vida se dá por acaso e progride a seu nível atual como uma consequência das pressões exercidas pela seleção natural.
Ludwig Boltzmann (1844-1906)	Físico austríaco. Fundador da termodinâmica estatística – propôs a interpretação probabilística do segundo princípio da termodinâmica. Reflexões epistemológicas importantes: defendeu o caráter hipotético do conhecimento científico.
Max Planck (1858-1947)	Físico alemão. Primeiro a propor que os processos atômicos não ocorrem continuadamente, mas por saltos discretos, chamados "quanta".
Niels Bohr (1885-1962)	Físico dinamarquês, formulador do princípio da complementaridade no estudo do átomo – os elétrons giram em torno do núcleo em órbitas circulares e pulam de uma órbita para outra em movimentos descontínuos (Planck).
René Thom (1923-2002)	Matemático e filósofo francês. Inventor da Teoria da Catástrofe, um tratamento matemático de ação contínua produtora de resultado descontínuo. Essa teoria é uma tentativa de descrever a impossibilidade do uso do cálculo diferencial naquelas situações em que as forças mudam gradualmente e levam às chamadas catástrofes ou mudanças abruptas. Foi pesquisador do CNRS – *Centre National de la Recherche Scientifique*, da França. Membro honorário da Sociedade Matemática de Londres em 1990.

Sigmund Freud (1856-1939)	Neurologista de origem judaica. Consagrado como o criador da psicanálise, estudou o significado dos conteúdos psíquicos reprimidos e foi pioneiro na descoberta sistemática do inconsciente. Para ele, a humanidade sofreu três grandes abalos, três feridas narcísicas: quando descobriu que não veio do mesmo, mas do outro, que a Terra não é o centro do mundo e que não controlamos tudo conscientemente.
Werner Heisenberg (1901-1976)	Físico alemão. A ele se atribui a construção do Princípio da Indeterminação, que revolucionou a concepção da ciência até então baseada nas noções de previsibilidade e certeza. Esse princípio, em conjunto com o princípio da complementaridade de Niels Bohr, tornou-se a matriz das ciências da complexidade.

Fonte: Elaboração do autor com base em diversas fontes, 2012.

Anteriores ou contemporâneas a Joseph Campbell, as ideias desses teóricos compuseram o panorama científico e filosófico no interior do qual figura o autor. Campbell desistiu de trabalhar no seu projeto de doutoramento e resolveu retornar aos Estados Unidos no auge da Grande Depressão, em agosto de 1929. Sem possibilidade de conseguir um emprego imediato, instalou-se em Woodstock, na época uma região inóspita e isolada do interior do país, e aprendeu a sobreviver com poucos recursos. Durante cinco anos, praticamente se limitou a ler e a tomar notas. Na verdade, prosseguiu a vida toda a ler livros sobre diversos temas: antropologia, biologia, filosofia, literatura, arte, história, religião, mitologia.

> Durante cinco anos fiquei desempregado. Ninguém sabia quanto tempo duraria aquela Depressão. Mas o fato é que, naquele tempo, as pessoas foram maravilhosas umas com as outras. Lá estava eu instalado na floresta. E foi o momento em que eu acabara de descobrir, na Europa, James Joyce, Carl Jung, Thomas Mann, Freud e o mundo das artes, e também começara a estudar sânscrito. Quando voltei da Europa para a Universidade de Columbia percebi que não queria voltar a me encerrar na minha pequena garrafa — a da tese de doutorado com a qual eu me envolvera. Meu pai estava falido, assim como eu e todo o mundo. Fui viver na floresta e fiquei só lendo, lendo, lendo. Mas quando se lê tanto é preciso comprar livros. Naquela época, havia em Nova York uma empresa importadora, Steckett-Haffner, e eu lhes escrevia solicitando

livros caros, de Leo Frobenius e Carl Jung, e outros do tipo, e eles me mandavam. Só me pediram para pagar anos mais tarde, quando arranjei um emprego e tive condições de pagá-los. Era assim que as pessoas agiam naquela época. Vocês sabem, quando problemas reais surgem, nossa humanidade é despertada. A experiência humana fundamental é a da compaixão.[84]

Em 1934 Campbell tornou-se professor do Sarah Lawrence College, ocasião em que passou a dirigir a cadeira de Mitologia, que ocupou até 1972, quando se aposentou, com trinta e oito anos de labor. "A Sarah Lawrence foi fundada como uma instituição feminina, baseada na ideia de que as mulheres não necessitavam, não queriam ou não lhes seria útil uma adaptação do currículo masculino num modelo de faculdade masculina."[85]

Faculdade Sarah Lawrence.

---

[84] CAMPBELL, 2003, p. 254.
[85] CAMPBELL, 2003, p. 88-89.

Alunas da Sarah Lawrence, 1951.

Originalmente destinada a fornecer instruções em artes e humanidades ao público feminino, Sarah Lawrence foi fundada em 1926. Somente em 1968, a instituição tornou-se mista. Desde o início, a faculdade teve como propósito primordial os estudos das artes. A visão de que as artes constituem elementos admiráveis na evolução social dos indivíduos e na criação de relações de igualdade entre homens e mulheres, fez o fundador William Lawrence apostar na sua criação e incorporar no currículo da instituição ideias do Movimento Progressista na Educação, do filósofo norte-americano John Dewey (1859-1952).

As ideias de Dewey não ficaram restritas apenas aos Estados Unidos. No Brasil, chegaram pelas mãos do educador Anísio Teixeira. Em *John Dewey e o ensino da arte no Brasil*, Ana Mae Barbosa (2001) fala sobre a influência estadunidense dos escritos do autor no ensino das artes em escolas brasileiras. Ela apresenta as ressonâncias do pensamento filosófico desse norte-americano na nossa educação e as mudanças mundiais na arte e na educação. A autora assinala que, para repensar o nosso tempo, educadores, críticos de arte e até economistas têm buscado nas ideias de Dewey uma experimentação mais consciente da ação e uma construção de valores culturalmente mais flexíveis[86].

Em vez dos tradicionais currículos, os estudantes da Faculdade Sarah Lawrence atualmente dispõem de uma ampla variedade de cursos, dis-

---

[86] BARBOSA, 2001.

tribuídos em quatro modalidades curriculares: Artes Criativas (Música, Escrita, Dança, Teatro, Cinema e as Artes Plásticas, como Pintura, Gravura, Desenho e Escultura), História e Ciências Sociais (Antropologia, Economia, Ciência Política e Sociologia), Humanidades (Estudos Asiáticos, História da Arte, Estudos de Cinema, Línguas, Literatura, Filosofia e Religião) e, por fim, Ciências Naturais e Matemática (Biologia, Química, Física, Ciência da Computação e Matemática).

Com a situação profissional e financeira regularizada, Campbell casou-se em 5 de maio de 1938 com Jean Erdman[87], uma jovem bailarina e coreógrafa nascida em Honolulu, que havia sido sua aluna na Sarah Lawrence. Permaneceram casados durante 49 anos, até 1987, ano da morte de Campbell. Juntos, fundaram uma escola de dança que, anos mais tarde, desenvolveu uma série de pesquisas sobre a relação da dança com os mitos antigos.

A partir dessa época, Campbell entregou-se de forma mais assídua à escrita. Data de 1943 seu primeiro trabalho publicado, em parceria com Jeff King e Maud Oakes. Trata-se de um comentário sobre um cerimonial navajo de guerra, intitulado *Onde os dois alcançaram o seu Pai*[88].

Joseph Campbell e sua esposa Jean Erdman, c. 1939.

Reprodução.

---

[87] Jean Erdman faleceu em 4 de maio de 2020, aos 104 anos. Vivia em um lar para idosos em Honolulu, Havaí (ALLISON, 2020).
[88] *Where two came to their father: a navajo war cerimonial*; CAMPBELL, 2003.

Dança e mito: o mundo de Jean Erdman.

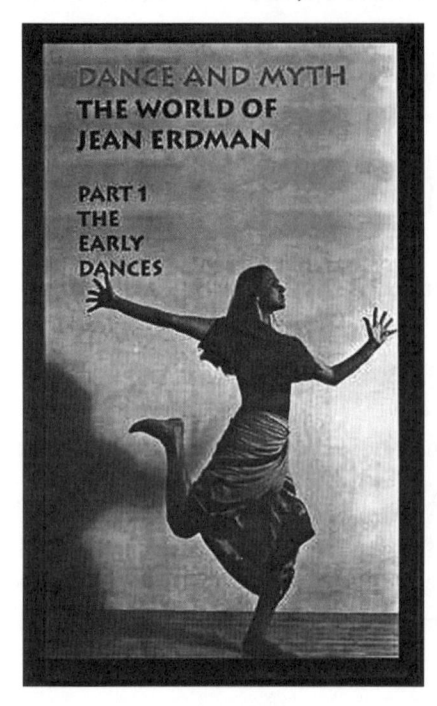

Capa original do primeiro livro de Campbell (em parceria), publicado em 1943.

Monomito

Durante uma entrevista, Campbell relata, em detalhes, o processo de escrita e edição de *O herói de mil faces*. O manuscrito desse livro foi rejeitado por dois editores antes de ser publicado em 1949. Podemos afirmar que essa obra deu visibilidade ao seu trabalho de escritor e, ao longo dos anos, tornou-se um clássico, utilizado por diferentes áreas do conhecimento. Sintamos Campbell:

> Henry Morton Robinson estava lançando um livro seu pela editora Simon & Schuster. Os editores disseram para ele que estavam interessados em um livro sobre mitologia. Robinson me telefonou e combinamos um almoço com os editores que confirmaram seu interesse. Fiz a proposta de escrever um livro sobre a maneira de ler um mito, e os editores me pediram para escrever um resumo. Voltei para casa. Jean estava fora em turnê. Passei uma noite inteira datilografando o projeto do livro e levei-o à editora. Assinei um contrato e recebi duzentos e cinquenta dólares; outros quinhentos dólares seriam pagos em duas vezes: quando o livro estivesse meio pronto e na entrega dos originais. Trabalhei no projeto de *O herói de mil faces* uns quatro ou cinco anos. Depois de uns cinco anos de trabalho, mandei o manuscrito para a Simon & Schuster. Passaram-se alguns meses sem uma palavra deles. Telefonei para a firma e me responderam: "A nossa equipe foi mudada depois que assinamos esse contrato e não estamos muito interessados nesse livro. Nós o publicaremos, mas quando publicamos um livro sem grande interesse de nossa parte não é bom para o texto". Eu respondi: "Vou passar aí para conversarmos e pegar o manuscrito". E foi isso que fiz. Outro editor da Pantheon disse que queria ver o texto. Mandei-o para ele, que me perguntou: "Quem vai ler isso?". Por fim, mandei para a Fundação Bollingen e eles me responderam: "O herói é uma joia". E assim *O herói de mil faces* foi publicado pela primeira vez em 1949. E foi assim que me tornei escritor.[89]

Nesse estudo sobre o mito do herói, Campbell postula a existência de um *monomito*, um padrão universal, essência e característica das lendas heroicas de todas as culturas. Ele toma de empréstimo o termo *monomito* do escritor irlandês James Joyce[90]. Também chamado de *jornada do herói*, o *monomito* versa sobre a jornada cíclica presente nessas narrativas.

---

[89] CAMPBELL, 2003, p. 150-151.
[90] CAMPBELL, 2000, p. 53.

Capas das edições norte-americanas de *O herói de mil faces*.

Reprodução.

A ideia de *monomito* em Campbell (2000) explica sua ubiquidade — aquilo que está ao mesmo tempo em toda parte — por meio de uma mescla entre o conceito junguiano de arquétipos, as forças inconscientes da concepção freudiana e a estruturação dos ritos de passagem proposta por Arnold Van Gennep. Essas ideias de Van Gennep encontram-se no livro *Os ritos de passagem*, publicado originalmente em 1909, que trata de um estudo comparativo sobre os rituais de passagem em diversas sociedades, traduzido e publicado no Brasil em 1977. Uma nova edição, de 2011, figura na coleção Antropologia da Editora Vozes.

Para Campbell (2000), a estrutura do *monomito* divide-se em três seções: partida (ou separação), iniciação e retorno. A partida ocupa-se do herói almejando e articulando sua jornada, a iniciação contém as várias aventuras do herói ao longo do caminho que irá percorrer e o retorno é o momento em que regressa à casa, dotado do conhecimento e dos poderes adquiridos ao longo da jornada. Com base em *O herói de mil faces*, apresento, no quadro 2, a seguir, as três seções, desdobradas em 17 estágios, em que se divide o *monomito*.

Quadro 2 – Monomito em 17 estágios

MONOMITO	
Partida ou separação	
O chamado à aventura	O herói começa em uma situação mundana de normalidade quando recebe uma informação que funciona como um chamado em direção ao desconhecido.
A recusa do chamado	Frequentemente, quando recebe o chamado, o futuro herói recusa-se a atendê-lo. Isso pode ocorrer por conta de um sentido de dever ou obrigação, medo, insegurança, uma sensação de inadequação, entre outros.
Ajuda sobrenatural	Uma vez que o herói comprometeu-se com a missão, consciente ou inconscientemente, surge o guia e ajudante mágico que se torna conhecido.
Cruzando o primeiro limiar	Esse é o ponto em que adentra no campo da aventura, deixando os limites conhecidos do mundo ao se aventurar em um reino desconhecido e perigoso, onde regras e limites são incógnitos.
Iniciação	
Barriga da baleia	Representa a separação final do mundo e do eu conhecidos pelo herói. Ao adentrar esse estágio, demonstra sua disposição para sofrer uma metamorfose.
Estrada das provações	Série de testes, tarefas ou dificuldades que o indivíduo deve enfrentar para iniciar sua transformação em herói. Com frequência, ele falha em um ou mais desses testes, que geralmente ocorrem em grupos de três.
Encontro com a deusa	Ponto no qual o indivíduo experimenta um amor que possui o poder e a significância do amor todo-poderoso, abrangente, incondicional, que uma criança bem-afortunada pode experimentar por sua mãe.
Tentação	Tentações materiais que podem levar o herói a abandonar ou a se desviar de sua missão.
Liberdade para viver	A maestria leva à liberdade do medo da morte, o que, por sua vez, é a liberdade para viver. Às vezes, refere-se a isso como viver o momento, sem antecipar, nem se arrepender do passado.
Mestre de dois mundos	Alcança um equilíbrio entre o material e o espiritual (o mundo interno e externo).
Cruzando o limiar do retorno	Mantendo a sabedoria adquirida na missão, integrando-a a uma vida humana e, possivelmente, a compartilhando com o resto do mundo.

Resgate vindo de fora	Com frequência, o herói precisa de um guia poderoso para trazê-lo de volta à vida cotidiana, especialmente se ferido ou enfraquecido pela experiência.
Retorno	
Voo mágico	Às vezes, o herói deve escapar com a bênção. Voltar da jornada pode ser tão repleto de aventuras e perigoso quanto o caminho de ida.
Negação da volta	Ao encontrar a bem-aventurança e o esclarecimento no outro mundo, o herói pode não querer retornar ao mundo comum para conceder a bênção a seus semelhantes.
A benção definitiva	Trata-se de alcançar o objetivo da missão. É o motivo pelo qual o indivíduo embarcou na jornada. Todos os passos anteriores servem para prepará-lo e purificá-lo para esse passo.
Apoteose	Quando alguém morre uma morte física, ou morre para que o eu viva em espírito, move-se além dos pares de opostos para um estado de conhecimento, amor, compaixão e bem-aventurança divinos.
Redenção com o pai	Nesse passo, o indivíduo deve confrontar e ser iniciado pelo que quer que detenha o poder definitivo em sua vida. Em muitos mitos e histórias, é o pai, ou uma figura paterna, que detém o poder de vida e morte. Esse é o ponto central da jornada.

Fonte: Elaboração do autor a partir do livro *O herói de mil faces*, 2012.

A estrutura do *monomito*, explicitada pelo infográfico, a seguir, é estabelecida pelo mitólogo na primeira parte de *O herói de mil faces* e trata do percurso denominado *A aventura do herói*. A tese defendida por Campbell (2000) é que todos os mitos que versam sobre o herói seguem, em algum grau, essa estrutura. Ele cita vários exemplos de narrativas míticas, como Prometeu, Osíris, Buda e Jesus Cristo, e afirma que seguem, quase *ipsis litteris*, esse paradigma. Por exemplo, enquanto a Odisseia apresenta repetições frequentes na iniciação, o conto da Gata Borralheira ou da Cinderela traça uma mesma estrutura um tanto mais livremente.

Como um conceito aplicado à narratologia, o termo *monomito* reluz, pela primeira vez, em 1949, em *O herói de mil faces*. Sem a intenção de explicitar detalhadamente do que trata a narratologia, exponho de modo breve o significado dessa área de conhecimento e sua ligação com Campbell.

A narratologia é o estudo das narrativas ficcionais e não ficcionais por meio de suas estruturas e elementos. O termo foi introduzido pelo teórico búlgaro-francês Tzvetan Todorov (1939-2017) em *A gramática do Decameron* (1982), publicado originalmente em 1969. Tal como o linguista pretende estabelecer uma gramática descritiva da língua, o narratologista tem como propósito descrever o funcionamento da narrativa e demonstrar seus mecanismos, criando a gramática dos textos narrativos, examinando o que elas têm em comum e o que as distingue como tais.

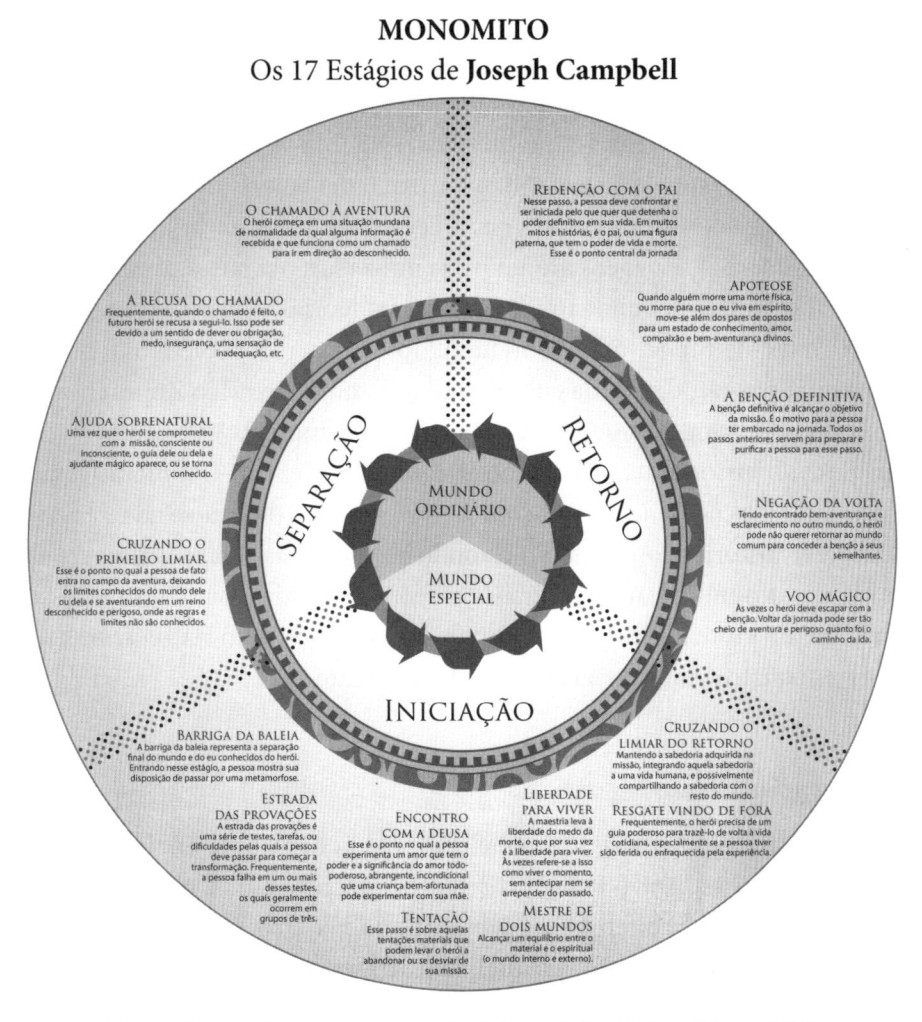

MONOMITO
Os 17 Estágios de **Joseph Campbell**

O CHAMADO À AVENTURA
O herói começa em uma situação mundana de normalidade da qual alguma informação é recebida e que funciona como um chamado para ir em direção ao desconhecido.

A RECUSA DO CHAMADO
Frequentemente, quando o chamado é feito, o futuro herói se recusa a segui-lo. Isso pode ser devido a um sentido de dever ou obrigação, medo, insegurança, uma sensação de inadequação, etc.

AJUDA SOBRENATURAL
Uma vez que o herói se comprometeu com a missão, consciente ou inconsciente, o guia dele ou dela é ajudante mágico aparece, ou se torna conhecido.

CRUZANDO O PRIMEIRO LIMIAR
Esse é o ponto no qual a pessoa de fato entra no mundo da aventura, deixando os limites conhecidos do mundo dele ou dela e se aventurando em um reino desconhecido e perigoso, onde as regras e limites não são conhecidos.

BARRIGA DA BALEIA
A barriga da baleia representa a separação final do mundo e do eu conhecidos do herói. Entrando nesse estágio, a pessoa mostra sua disposição de passar por uma metamorfose.

ESTRADA DAS PROVAÇÕES
A estrada das provações é uma série de testes, tarefas, ou dificuldades pelas quais a pessoa deve passar para começar a transformação. Frequentemente, a pessoa falha em um ou mais desses testes, os quais geralmente ocorrem em grupos de três.

ENCONTRO COM A DEUSA
Esse é o ponto no qual a pessoa experimenta um amor que tem o poder e a significância do amor todo-poderoso, abrangente, incondicional que uma criança bem-afortunada pode experimentar com sua mãe.

TENTAÇÃO
Esse passo é sobre aquelas tentações materiais que podem levar o herói a abandonar ou se desviar de sua missão.

LIBERDADE PARA VIVER
A maestria leva à liberdade do medo da morte, o que por sua vez é a liberdade para viver. Às vezes refere-se a isso como viver o momento, sem antecipar nem se arrepender do passado.

MESTRE DE DOIS MUNDOS
Alcançar um equilíbrio entre o material e o espiritual (o mundo interno e externo).

REDENÇÃO COM O PAI
Nesse passo, a pessoa deve confrontar e ser iniciada pelo que quer que detenha o poder definitivo em sua vida. Em muitos mitos e histórias, é o pai, ou uma figura paterna, que tem o poder de vida e morte. Esse é o ponto central da jornada

APOTEOSE
Quando alguém morre uma morte física, ou morre para que o eu viva em espírito, move-se além dos pares de opostos para um estado de conhecimento, amor, compaixão e bem-aventurança divinos.

A BENÇÃO DEFINITIVA
A benção definitiva é alcançar o objetivo da missão. É o motivo para a pessoa ter embarcado na jornada. Todos os passos anteriores servem para preparar e purificar a pessoa para esse passo.

NEGAÇÃO DA VOLTA
Tendo encontrado bem-aventurança e esclarecimento no outro mundo, o herói pode não querer retornar ao mundo comum para conceder a benção a seus semelhantes.

VOO MÁGICO
Às vezes o herói deve escapar com a benção. Voltar da jornada pode ser tão cheio de aventura e perigoso quanto foi o caminho da ida.

CRUZANDO O LIMIAR DO RETORNO
Mantendo a sabedoria adquirida na missão, integrando aquela sabedoria a uma vida humana, e possivelmente compartilhando a sabedoria com o resto do mundo.

RESGATE VINDO DE FORA
Frequentemente, o herói precisa de um guia poderoso para trazê-lo de volta à vida cotidiana, especialmente se a pessoa tiver sido ferida ou enfraquecida pela experiência.

SEPARAÇÃO — RETORNO — INICIAÇÃO

MUNDO ORDINÁRIO
MUNDO ESPECIAL

Fonte: elaboração do autor a partir do livro *O herói de mil faces*, 2012.

A narratologia consolidou-se como área de conhecimento por teóricos franceses (vale mencionar Roland Barthes) e pela Escola Formalista Russa de Roman Jakobson (1896-1982) e Vladimir Propp (1895-1970), entre outros, além de estudiosos como o italiano Umberto Eco (1932-2016). Influenciada pelos estruturalistas, que adaptam métodos das chamadas Ciências Exatas às Humanidades, a narratologia caracteriza-se fortemente pela busca de paradigmas, estruturas e repetições entre as diferentes obras analisadas, apesar de considerar os diversos contextos históricos e culturais em que foram produzidas. Como o objeto de análise são as narrativas escritas ou orais, a narratologia é uma ciência congruente com a análise do discurso, outra área ou campo da linguística também estruturalista.

Joseph Campbell tornou-se um teórico assaz adotado nos estudos da narratologia. Em *O herói de mil faces* (2000), introduz o conceito de *monomito*, adaptado de Joyce, conforme explicitei anteriormente, segundo o qual todos os mitos fundadores das diversas culturas são variações de um mesmo número de imagens arquetípicas universais. As bases principais de seu estudo podem ser encontradas em outras teorias, como os estudos do inconsciente de Freud, mas, sobretudo, no inconsciente coletivo de Jung, bem como nos estudiosos da cultura indiana, como Heinrich Zimmer, cuja parte da obra foi postumamente editada por Campbell. Vale também citar, ainda, o historiador indiano de arte Ananda Kentish Coomaraswami. Após a publicação de *O herói de mil faces*, Campbell dedica-se aos estudos de caráter histórico, observando o modo pelo qual as imagens universais emanadas dos mitos ganham versões específicas em diversas culturas. Esse trabalho, de grande erudição, está publicado sob o título *As máscaras de Deus*, em quatro volumes, já citado anteriormente.

Conferências Eranos

Durante alguns anos, Campbell participou das Conferências Eranos, um importante encontro anual ocorrido em Ascona, Suíça, que congregava os intelectuais de diferentes orientações do pensamento do século XX, dedicados aos estudos da espiritualidade. Eram especialistas de diversas áreas da ciência, pensadores das psicologias profundas – como a Psicanálise e a Psicologia Analítica –, estudiosos de religião e mitologia comparada, além dos epistemólogos das Ciências Naturais: Física, Química e Biologia. Marcavam sua presença nas Conferências, em que, durante uma semana, realizavam atividades em conjunto. A convivência era intensa e comunal, os pensadores exerciam abertamente o diálogo e o debate.

As Conferências Eranos, fundadas pela inglesa Olga Fröebe-Kapteyn (1881-1962), se iniciaram em 1933. Ocorriam, anualmente, na propriedade da fundadora, às margens do Lago Maggiore, na Suíça. O nome Eranos deriva do grego, cujo significado é banquete, "comida em comum", sugerido pelo teólogo alemão Rudolf Otto (1869-1937). O encontro não dispunha de um anfitrião a prover os convidados, a tônica era a de que todos contribuíssem com seu alimento – as ideias. Em *À propos des Conférences Eranos*, Henry Corbin e Mircea Eliade (1968) discorrem, em detalhes, sobre a dinâmica e os pensadores partícipes da cultura científica e humanística dos encontros, listando os convidados presentes no período de 1933 a 1968.

Essas reuniões podem ser compreendidas como um ponto de encontro entre o Ocidente e o Oriente. A lista de conferencistas que marcaram presença desde 1933 é extensa, da qual destaco alguns pensadores: os físicos Erwin Shrödinger, Niels Bohr, Wolfgang Ernst Pauli e Max Knoll; os estudiosos de religião e mitologia Joseph Campbell, Mircea Eliade, Heinrich Zimmer, Henry Corbin, Rudolf Otto, Karl Kerényi, Gerardus van der Leeuw, Andrés Ortiz-Osés, Richard Wilhelm, Giuseppe Tucci, Henri--Charles Puech, Raffaele Pettazzoni, Alain Danielou; e os psicólogos analíticos Carl Gustav Jung, Marie-Louise von Franz, James Hillman, Erich Neumann. Participaram também outros estudiosos de campos distintos e complementares, como Gilbert Durand, da seara de arquetipologia geral e hermenêutica dos símbolos; Gilles Quispel, pesquisador dos estudos gnósticos; Paul Tillich, da teologia e filosofia cristã; D. T. Suzuki, do zen budismo; Gershom Scholem, estudioso do misticismo judaico; os biólogos Adolf Portmann e Jakob von Uexküll, estudioso da biossemiótica, e Herbert Read, estudioso de História da Arte[91].

Frente à diversidade de pensamento, não é possível designar os encontros de Eranos como uma escola, embora tenha havido uma intensa troca e partilha de questões em comum, como a hermenêutica dos sím-

---

[91] CORBIN; ELIADE, 1968, tradução minha.

bolos e os fundamentos epistemológicos da ciência. A cada ano, um novo tema era proposto, cada participante dispunha de duas horas para apresentar suas ideias e sua contribuição ao banquete.

Sala Eranos.

Carl Gustav Jung nas Conferências Eranos.

Em 1957, Campbell profere sua primeira conferência em Eranos sobre *O símbolo sem sentido*. Em 1953 é nomeado editor dos artigos dos *Anuários* Eranos: *Espírito e natureza* (1953), *Os mistérios* (1955), *Homem e tempo* (1957), *Disciplinas espirituais* (1960), *Homem e transformação* (1964), *A visão mítica* (1968). O conjunto dos seis *Anuários* reúne os temas centrais das palestras realizadas anualmente nas Conferências Eranos por cientistas convidados dos continentes europeu, asiático e americano e versa sobre Filosofia, Religião, Etnologia, Psicologia, Ciências Naturais e Arte. Os *Anuários* foram editados originalmente por Olga Fröebe-Kapteyn. As imagens, a seguir, apresentam as capas dos seis *Anuários* editados por Campbell nos Estados Unidos.

Anuários Eranos editados por Joseph Campbell

Espírito e natureza, Os mistérios, Homem e tempo, Disciplinas espirituais, Homem e transformação, A visão mítica.

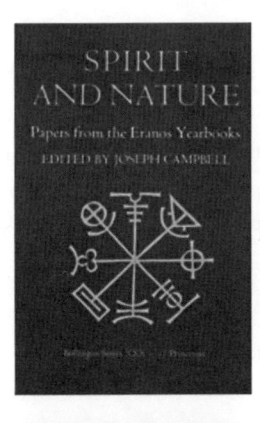

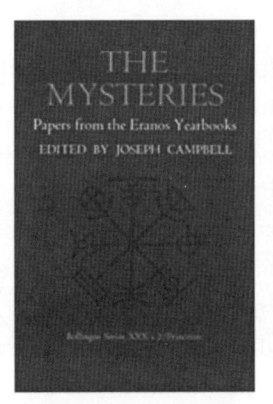

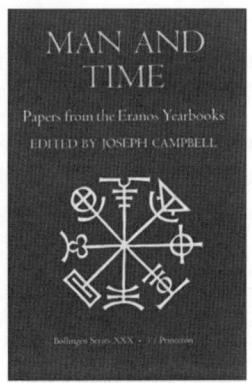

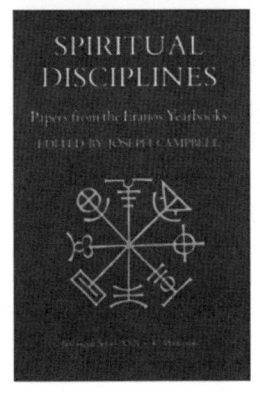

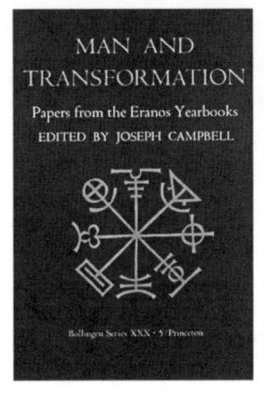

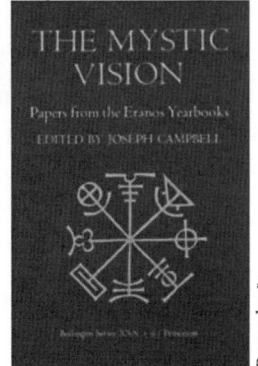

Entre as obras-primas de Joseph Campbell, destacam-se os quatro volumes da série *As máscaras de Deus – mitologia primitiva, mitologia oriental, mitologia ocidental e mitologia criativa*; *A imagem mítica*; *As transformações do mito através do tempo;* a organização de artigos do livro *Mitos, sonhos e religião* e *O voo do pássaro selvagem*, uma coletânea de ensaios sobre a universalidade dos mitos.

Em 30 de outubro de 1987, depois de breve luta contra o câncer, Campbell faleceu aos 83 anos, em Honolulu, Havaí. Passava, assim, a ser uma das maiores autoridades em mitologia comparada do século XX. Plenamente encarnado no tempo, vivaz, encantador e cheio de entusiasmo pelo grande mistério do *Ser*, abraçou a morte antes que sua obra fosse conhecida pelo vasto público, o que só sobreveio por meio da televisão, na ocasião em que foram transmitidas as entrevistas *Joseph Campbell e o poder do mito,* com Bill Moyers[92], apontamento já realizado na introdução deste livro.

Logo após sua morte, Robert Walter, ex-diretor executivo e ex-presidente da Fundação Joseph Campbell nos Estados Unidos, também responsável pela supervisão das publicações de seus textos inéditos, deu continuidade às jornadas mitológicas realizadas durante algumas décadas no Instituto Esalen[93], na Califórnia. Estima-se que, ao longo de quase sessenta anos de existência do Instituto Esalen, pessoas de todo o mundo participaram dos encontros, cujo foco de estudo abriga temas relacionados ao corpo, à mente e ao espírito. Além de uma formação conteudista, os frequentadores do Esalen primam por experiências deveras mais profundas, ricas e duradouras, em vez de objetivarem mais força e velocidade.

A própria palavra Esalen evoca visões de aventura, fronteiras inexploradas, possibilidades humanas passíveis de concretização. Localizado em Big Sur, no centro da Califórnia, esse Instituto é descrito como um lugar de terra fértil, esculpido entre a montanha e o mar. Nutridos pelos

---

[92] KENNEDY, 2003.
[93] O Instituto Esalen, criado em 1962, é uma organização sem fins lucrativos de natureza educacional multidisciplinar. Seu foco é ministrar cursos, seminários e promover práticas vivenciais comumente ausentes da formação institucional, tais como meditação, massagem, yoga, espiritualidade, ecologia, psicologia, artes, música, entre outras.

ideários reverberados na obra de Joseph Campbell, os visitantes do lugar praticam a experiência da liberdade intelectual e consideram como valores fundamentais um conhecimento e um pensamento concebidos por espiritualidade e afetos. Com isso, procuram galgar os limites atuais da academia convencional. Frequentam o Esalen no afã de desvelar a sabedoria antiga no movimento do corpo, a poesia na pulsação do sangue e a redescoberta da autoconsciência. Inspirados, chegam de longe, na precisão de um desejo de aprendizado contínuo e intenso, ao longo de toda a vida.

Paternidades teóricas

Vários pensadores, literatos e artistas influenciaram as ideias e a obra de Joseph Campbell. James Joyce trouxe grande influência na vida intelectual do autor. O primeiro livro que destacou Campbell foi *A Skeleton Key to Finnegans Wake*, escrito em parceria com Henry Morton Robinson. Sua repercussão junto ao universo acadêmico e o interesse do público outorgaram alento à preparação de outros livros. Seu referido primeiro livro de destaque tece uma análise crítica acerca da obra de *Finnegans Wake* e é abalizado como o primeiro grande estudo sobre o complexo romance de Joyce.

> Quando *Finnegans Wake* foi lançado, em 1939, eu já havia tido a oportunidade de ver esse livro em Paris, em uma primeira versão intitulada *Work in Progress* [Obra em processo] que aparecera na revista de Emile Jolas. Fiquei fascinado com aquele material, que significou muito para mim. Quando o livro saiu, imediatamente comprei um exemplar e passei um fim de semana devorando-o. Foi uma grande experiência ler o *Finnegans Wake* estando razoavelmente pronto para ele. Na época em que eu praticava corrida na Universidade de Columbia, conheci um jovem professor chamado Henry Morton Robinson, que costumava vir jogar bola conosco. Eu já o conhecia havia muitos anos quando, em plena Depressão, fui para Woodstock e encontrei Rondo – como nós o chamávamos – sem emprego, com uma família, lutando para viver. Finalmente conseguiu um trabalho no *Reader's Digest* escrevendo três ou quatro artigos por mês como *ghostwriter* [escritor fantasma]. Ele era, portanto, um verdadeiro escritor profissional. Um dia, esse cara apareceu vindo de Woodstock para o jantar – eu e Jean, ele e sua mulher. Durante o jantar ele disse: "Como está indo com o *Finnegans Wake*?", e eu respondi: "Ótimo". Então ele falou: "Alguém tem de escrever uma chave interpretativa dessa coisa e bem que poderíamos ser você e eu". Respondi: "Ah, deixa disso!". E ele: "Vamos! Vamos fazer isso nós mes-

mos!". Combinamos que faríamos uma introdução. Eu mergulhei logo no texto e comecei a destrinchá-lo, e escrevi cerca de quarenta páginas. Quando levei o material a Robinson ele disse: "Pelo amor de Deus, o que é que você vai fazer, a Enciclopédia Britânica?". Quando mostrei o meu primeiro texto do livro, ele me disse: "Joe, é engraçado, mas tudo parece estar de cabeça para baixo. Você diz no final do texto o que deveria ter dito no começo, e isso é válido também para cada parágrafo e praticamente para cada sentença". Naquela noite fui para casa pensando no que ele dissera: "Eis o porquê disso: eu me formei acadêmico, escrevendo para acadêmicos, ou querendo escrever para eles. Esse tipo de pessoa sempre diz o que outro cara disse sobre o tema e depois o chutam com uma sentença; depois, dizem o que outra pessoa disse e o chutam com uma sentença; depois contam todas as dificuldades que tiveram até descobrir a sua tese". Essa é uma maneira de escrever. Meu amigo Robinson disse: "Escute, quando você está escrevendo para pessoas civilizadas, você é a autoridade. Diga a elas logo no início o que você pensa. O que você disser depois ilustrará isso. Elas compreenderão a ideia primeiro, e depois saberão por que você está escrevendo todo o resto". Esse conselho me esclareceu muito. Mas me privou de grande parte do, como direi?, prestígio acadêmico. É isso o que o torna um escritor "popular", e não um escritor erudito. Trabalhamos nesse livro acho que por uns cinco anos. E, naturalmente, quando o terminamos ninguém queria saber dele. Estávamos decididos a editá-lo nós mesmos, pois o havíamos mandado à editora Harcourt Brace, que estava lançando as obras de Joyce, mas eles o devolveram.[94]

Capa do livro *A Skeleton Key to Finnegans Wake*, 1944.

---

[94] CAMPBELL, 2003, p. 146-148, e *passim*.

Sigmund Freud também marcaria presença nas interpretações de Campbell. Profundo estudioso da psique humana, no início do século XX, Freud retomou e explicou a relação dos mitos com a personalidade do homem, alertando para a sua importância. Posteriormente, essa mesma relação foi retomada e ampliada por novas teorias formuladas por Jung e Campbell. Em entrevista concedida a Michael Toms, Campbell (1990) confirma que tanto Freud quanto Jung exerceram influências em suas reflexões acerca dos mitos:

> Quando eu era estudante na Alemanha – isso foi em 1928-29 – descobri os trabalhos de Freud e Jung, que abriram uma dimensão psicológica para o campo da mitologia. De repente eu compreendi porque o assunto era interessante para mim, e vários novos mistérios e maravilhas surgiram. Jung não era muito conhecido nos Estados Unidos àquela época. Eu acho que existiam duas pequenas traduções do seu trabalho. Freud, é claro, era bem conhecido. Só que eu não havia sido estudante de Psicologia, então esses homens começaram a me informar sobre um aspecto do meu próprio tema. Agora via que um aspecto do assunto é o mistério psicológico e o outro aspecto é histórico e etnográfico. Então, no lado psicológico, esses dois homens estão presentes em meu pensamento. Quando eu escrevi *O herói de mil faces*, eles eram iguais em meu pensamento: Freud foi útil em um aspecto; Jung em outro. Mas, nos anos seguintes, Jung se tornou mais e mais eloquente para mim. Acho que quanto mais você vive, mais Jung pode dizer para você. Eu volto aos seus escritos muito frequentemente, e coisas que havia lido antes sempre dizem algo novo. Freud não me diz mais algo novo; Freud nos diz o que os mitos significam para os neuróticos. Por outro lado, Jung nos fornece pistas sobre como deixar que o mito fale conosco em seus próprios termos, sem colocar uma fórmula nele. Leio Jung desde 1928, e isso é um encanto longo. Como costumo dizer, ele traz mais e mais para mim. Mas ele não é a palavra final – não acho que exista uma palavra final; entretanto, seu trabalho abriu possibilidades e panoramas.[95]

A admiração do mitólogo por Jung ultrapassa o campo profissional. Os dois conheceram-se na Europa em 1954, quando Campbell e sua esposa foram recebidos pelo casal Jung em sua residência nos arredores de Zurique. Fragmentos desse encontro são relatados por ele em várias entrevistas[96], como no excerto a seguir:

---

[95] CAMPBELL, 1990, tradução minha.
[96] CAMPBELL, 1990; 2003.

> Há muitos anos, em 1954, tive o grande prazer de ser convidado, com minha mulher, para um chá com o doutor Jung e a senhora Jung. Foi na casa dele, em um lugar fora de Zurique chamado Bollingen, que deu nome à Fundação Bollingen. Fica na extremidade do lago de Zurique. Ficamos hospedados em um hotelzinho encantador que tinha vista para esse pedaço da região. Quando chegou a hora de ir à casa dos Jung, entrei no meu carro e tomei a estrada, procurando Bollingen. Dirigi durante umas duas milhas e resolvemos perguntar a uns camponeses que estavam perto da estrada: "Por favor, onde fica Bollingen?". "Bollingen é aqui ao longo do lago." E foi assim que finalmente chegamos ao lugar onde havia uma estradinha lateral. Seguimos por ela e cruzamos uma linha de trem. Os trens suíços são silenciosos e velozes, e mal havíamos cruzado a linha o trem passou bem atrás de nós. Subimos até o lugar onde ficava o castelinho erigido por Jung com suas próprias mãos, um castelo de pedra que fazia parte da obra empreendida por ele para descobrir qual era a sua mitologia particular. Descemos do carro e começamos a subir pela trilha, mas tanta gente já havia passado por ali que a trilha estava demasiadamente gasta para indicar o caminho até a porta da casa. Eu não sabia como entrar. Jean acabou por descobrir a campainha e tocou-a. Entramos e fomos saudados pelo Dr. Jung e sua mulher. Tomamos chá com ele e eis o caráter do homem: "nada de senhor, professor, doutor". Era simplesmente um anfitrião encantador. Não tive problema algum com ele, pois naquela época eu já havia publicado quatro volumes da obra de Heinrich Zimmer; Jung era amigo de Zimmer e publicara uma de suas obras em alemão. Éramos então coeditores, por assim dizer, das obras de Zimmer. Jung era uma pessoa maravilhosa de se estar junto. Isso é tudo o que posso dizer dele.[97]

Campbell afirma, ainda, que Jung "era um homem esplêndido. Não falávamos sobre assuntos nos quais ele era uma autoridade. Sem dúvida era um grande homem, e sua esposa me diz que os olhos dele eram muito atraentes"[98]. Quando Michael Toms interroga Campbell se a psicologia junguiana comportava mais abertura de interpretações do que outras formas mais tradicionais, ele responde:

> Para algumas pessoas, a palavra junguiano assume uma conotação ruim; e ela tem sido atirada contra mim por certos críticos como se dissessem: "Não se preocupem com Joe Campbell; ele é um junguiano". Eu não sou um junguiano! No que diz respeito a interpretar mitos, Jung me dá as melhores dicas que eu possuo. Mas tenho muito mais interes-

---

[97] CAMPBELL, 2003, p. 79-80.
[98] CAMPBELL, 1990, tradução minha.

se em difusão e em elos históricos do que Jung tinha, de modo que os junguianos me veem como um tipo de pessoa questionável. Eu não uso frequentemente aquelas fórmulas de palavras em minhas interpretações de mitos, mas Jung me dá o pano de fundo a partir do qual deixa o mito falar comigo.[99]

Com base nos estudos de Freud e Jung, Campbell (2003) chegou a afirmar que os mitos são uma forma de o ser humano exteriorizar o seu inconsciente, tentando, por meio dele, buscar respostas para questões universais que o perseguem desde o seu surgimento. Questões fundamentais como: Quem sou eu? De onde vim? Para onde vou quando morrer? O que é o bem e o que é o mal? Como será o futuro? O que aconteceu no passado? Deus existe? O que é a morte? O conhecimento científico mantém essas indagações como metaquestões inexplicáveis, mas há muito tempo os mitos já haviam formulado explicações para elas.

Vale mencionar que Campbell figura no livro *Os 100 maiores visionários do século XX*. O referido livro reúne excertos da vida e da obra de cem pensadores – homens e mulheres – que inspiraram a humanidade por meio de suas ideias e visões. A influência das ideias exercidas pelos cem *visionários* – dentre cientistas, pensadores, filósofos, sociólogos, ambientalistas e líderes religiosos – permitiu repensar, por exemplo, o *Apartheid* e os regimes autoritários, bem como fomentar o surgimento de uma consciência ecológica, transdisciplinar e espiritual, fortemente ressoante na sociedade atual. Organizado em 2006 por Satish Kumar e Freddie Whitefield, o livro ganhou tradução no Brasil em 2011 e divide-se em três partes: (1) Visionários ecológicos, (2) Visionários sociais e, por fim, (3) Visionários espirituais. Nessa última parte, Campbell figura ao lado de grandes líderes do Oriente, como o Dalai Lama e Jiddu Krishnamurti. Nesse registro, Robert Butler apresenta Campbell como o *mestre da mitologia* do século XX. Campbell encontrou Krishnamurti, pela primeira vez, durante uma viagem transatlântica na década de 1920, ambos ainda muito jovens. Nas palavras do próprio Campbell:

> Na viagem de volta da Europa, em 1924, havia três jovens de pele escura sentados nas cadeiras recicláveis do convés. Notei que uma moça os conhecia. Eu nunca havia visto antes pessoas como aquelas, porque não

---

[99] CAMPBELL, 1990, tradução minha.

havia hindus por aqui naquele tempo. Eles todos acabavam indo para a Inglaterra, nunca vinham para os Estados Unidos. Acontece que um deles era Jiddu Krishnamurti. Os outros eram seu irmão Nityananda e seu secretário na época, Rajagopal. Essa foi a minha introdução ao mundo da Índia. E a moça que nos apresentou me deu o livro *A luz da Ásia*, de Edwin Arnold, sobre a vida de Buda extraída dos Sutras. E essa foi uma abertura; como se uma luz fosse acesa.[100]

O antropólogo e médico alemão Adolf Bastian (1826-1905) também influenciou, de modo significativo, a obra de Campbell, no que diz respeito às interpretações das recorrências temáticas nos mitos. Para Campbell (1990; 2003), Bastian foi o pioneiro a entrever, salvo raras exceções, a existência de temas recorrentes em todas as mitologias e religiões do mundo. Qual a procedência dos temas? Eles não surgem do mundo factual, mas da psique, assim como ocorre nos contos de fada, por isso, denominou-os *ideias elementares*. Bastian observou também que, nos mais diferentes domínios humanos, os temas figuram com distintas inflexões, conforme o espaço e o tempo da narração mítica. Esses temas foram por ele designados *ideias étnicas* ou *populares*.

Segundo Campbell (1990), a expressão *ideia popular* acarreta um problema histórico, dados os diferentes recortes culturais desses ideários conforme a localização no planeta, mas "a *ideia elementar* é uma ideia psicológica muito profunda". Na Índia, por exemplo, existem duas palavras para referir-se a dois aspectos da mitologia: *desi*, cujo significado é "local ou provincial", e *marga*, isto é, "o caminho". Ao se livrar da inflexão local e histórica, o indivíduo tende a direcionar-se à *ideia elementar*, caminho rumo ao mais íntimo, às esferas mais recônditas do próprio coração, afirma o mitólogo. "A palavra *marga* vem da raiz da palavra que significa o rastro ou o caminho de um animal. Então você segue o animal do guia espiritual para a sua própria introspecção. É para isso que os mitos são bons. E todas as grandes tradições falam, convergem para o mesmo ponto."[101]

Ao defender a *unidade psíquica da humanidade*, Bastian propôs um projeto de longo prazo para desenvolver uma ciência da cultura humana e da consciência baseada nesse conceito. Argumentou que os atos mentais de

---

[100] CAMPBELL, 2003, p. 61.
[101] CAMPBELL, 1990; 2010.

todas as pessoas, em todos os lugares do planeta, são produto dos mecanismos fisiológicos característicos da espécie humana – o que hoje poderíamos chamar de carga genética sobre a organização e o funcionamento do sistema neuroendócrino humano. Cada mente humana herda um complemento específico da espécie, *ideias elementares* e, portanto, as mentes de todos os homens, independentemente de etnia ou cultura, funcionam da mesma maneira.

De acordo com Bastian, as contingências da localização geográfica e histórica criaram diferentes elaborações locais das *ideias elementares*, desdobradas em *ideias populares*. Assim, ele propôs um *princípio genético* legal pelo qual as sociedades desenvolvem-se ao longo de sua história, percorrendo o lapso desde as instituições socioculturais simples àquelas gradativamente mais complexas em termos de organização. Por meio da acumulação de dados etnográficos, pode-se estudar as leis psicológicas do desenvolvimento mental, suas manifestações em diversas regiões e sob diferentes condições. Embora o diálogo se desenvolva com informantes individuais, Bastian defende que o objeto da investigação não é o estudo do indivíduo em si, mas, sim, as *ideias populares* ou a *mente coletiva* de um povo em particular.

Campbell, por conseguinte, entende que, quanto mais estudamos os vários povos, mais notório emerge o fato de que as *ideias populares,* historicamente condicionadas, transpõem-se a um patamar de importância secundária em comparação às *ideias elementares* universais[102]. O indivíduo é como a célula de um organismo, um animal social, cuja mente – suas *ideias populares* – é influenciada pelo contexto sociocultural, e as *ideias elementares* são o fundamento por onde se desenvolvem essas *ideias populares*.

A partir dessa perspectiva, o agrupamento humano necessita dessa vivência coletiva, trata-se de uma *alma* social, que incorpora cada mente individual. Bastian afirma que as *ideias elementares* são cientificamente reconstruídas a partir das *ideias populares*, como várias formas de representações coletivas.

No primeiro volume de *As máscaras de Deus: mitologia primitiva*, Campbell (2000) constrói um argumento contextual importante a esse res-

---

[102] CAMPBELL, 2004, p. 40.

peito. Afirma que "a ideia de arquétipos de Jung é o desenvolvimento da teoria anterior de Adolf Bastian que reconheceu, no curso de suas longas viagens, a uniformidade do que ele denominou de *ideias elementares* da humanidade". Afirma também que, "nos vários campos da cultura, tais ideias são diferentemente articuladas e elaboradas", e que Bastian cunhou o termo *ideias étnicas* para as manifestações reais e locais.[103]

> Adolf Bastian reconheceu que os mesmos símbolos mitológicos aparecem no mundo todo: morte e ressurreição, nascimentos virginais, terras prometidas e tudo o mais. Ele chamava de *ideias elementares*. Carl Jung, psiquiatra suíço, se aprofundou nessa descoberta, fazendo a importante pergunta psicológica: "O que há na psique humana que sustenta e permite que todos esses símbolos e motivos sejam encontrados no mundo todo?". Foi Jung que os chamou de imagens arquetípicas, em que *arche* tem o sentido de um tipo que tudo abrange, encontrado em todo lugar.[104]

Para Campbell, as *ideias elementares* de Bastian e os *arquétipos do inconsciente coletivo* de Jung "são os poderes motivadores biologicamente arraigados e as referências conotadas para as mitologias que, lançados nas metáforas de períodos históricos e culturais distintos, conseguem permanecer constantes"[105]. Em entrevista concedida a Fraser Boa, Campbell (2004) afirma que

> um exemplo típico do arquétipo na mitologia é a ideia elementar que aparece nas diferentes formas populares e nas diferentes tradições do Cristo e do Buda. Cada uma é uma personificação de um princípio que forma nossa vida. São Paulo diz: "Eu vivo agora. Não eu, mas o Cristo em mim". Isso significa: "Sou motivado pelo princípio de Cristo". Os budas dizem: "Todas as coisas são Buda; tudo é Buda". São Paulo sabia que ele era um Buda e vivia a partir desse centro.[106]

Se a metáfora é a língua nativa do mito, então podemos afirmar que "a vida de uma mitologia surge e depende do vigor metafórico de seus símbolos. Estes transmitem mais do que um mero conceito intelectual uma vez que, pelo seu caráter interior, proporcionam um sentido de participação real na percepção da transcendência". Dessa forma, "o

---

[103] CAMPBELL, 2000, p. 40.
[104] CAMPBELL, 2004, p. 99.
[105] CAMPBELL, 2003, p. 30.
[106] CAMPBELL, 2004, p. 99.

símbolo, energizado pela metafóra, transmite não só uma ideia do infinito, mas certa percepção dele"[107].

Os escritos de Arthur Schopenhauer (1788-1860) também influenciaram o conjunto da obra de Campbell, que, em várias passagens de seus livros, comenta sobre as ideias do filósofo alemão. Como sabemos, o pensamento de Schopenhauer apresenta como característica principal o não encaixe nos grandes sistemas filosóficos da época em que viveu, posto que foi o responsável pela introdução do budismo e do pensamento indiano na metafísica alemã. Suas ideias partem da interpretação de alguns pressupostos da filosofia kantiana, em especial, de sua concepção de fenômeno. Contudo, Schopenhauer rompe com essa filosofia, uma vez que ela afirma a impossibilidade da consciência alcançar a realidade não fenomênica[108].

É a noção de fenômeno que leva Schopenhauer a postular que o mundo não é mais do que uma representação, que conta com dois polos inseparáveis: o objeto, constituído a partir do espaço e do tempo, e a consciência subjetiva a respeito do mundo, sem a qual este não teria existência. Para o autor do clássico *O mundo como vontade e representação* (1819), ao tomar consciência de si, o homem percebe que é um ser movido por aspirações e paixões, que constituem a unidade da vontade, compreendida como o princípio norteador da vida humana, substrato último de toda realidade.

De todos os teóricos que influenciaram a obra de Joseph Campbell, Heinrich Zimmer ocupa um lugar de destaque. Quando se referia a ele, Campbell expressava sua admiração pelo estudioso do hinduísmo e historiador de arte alemão, falecido em Nova York em 1943, aos 52 anos de idade. Tal admiração e influência expressa-se no projeto de edição e compilação de parte da obra de Zimmer por Campbell, uma vez que o historiador alemão deixou uma parcela de seu trabalho inacabado e inédito ao morrer. Em *A jornada do herói*, Campbell fala do seu sentimento por Heinrich Zimmer e como o encontrou pela primeira vez:

> Meu maravilhoso amigo Heinrich Zimmer. Nunca poderei falar em demasia sobre ele. O pai dele era um dos maiores eruditos celtas da geração precedente, e Heinrich era um grande indólogo que deixou a

---

[107] CAMPBELL, 2003, p. 29.
[108] YALOM, 2006.

Alemanha quando Hitler ascendeu. Ele não pôde suportar o que aquilo tudo significava. Veio para cá com a família e não conseguia arranjar emprego. Naquela época havia poucos departamentos de estudos orientais nas universidades dos Estados Unidos. Vocês sabem muito bem como o corpo docente das universidades quer manter o seu território e não suporta nenhuma competição. Finalmente umas senhoras da Fundação Jung arranjaram para ele uma sala na Universidade de Columbia, em cima de uma biblioteca. E ali ele começou a fazer suas palestras. Eu assisti à primeira delas e havia somente quatro pessoas para ouvir Heinrich Zimmer. Ele falou como se estivesse se dirigindo a uma grande plateia. Era um magnífico palestrante. Lembro dele dizendo: "Fico feliz que esteja trabalhando com este material". Um dos outros quatro presentes era a bibliotecária da Fundação Jung que arranjara a vinda de Zimmer. Outro era uma escultora polonesa. No semestre seguinte foi preciso dar a Zimmer uma sala maior, e no outro semestre ele conseguiu uma sala enorme. E de repente esse homem morreu. Teve um resfriado que se transformou em pneumonia. Ninguém conseguia fazer um diagnóstico correto. Foi um absurdo. Inesperadamente, Zimmer desaparecera. Eu devo tudo a Zimmer. A viúva dele me pediu que editasse as palestras proferidas por ele na América e me deu de presente uma estátua de Bodhidharma do Japão, que lhe pertencera. E assim eu passei quase doze anos editando o material de Zimmer e consegui transformá-lo em quatro magníficos livros.[109]

O projeto de organização dos manuscritos de Zimmer, abraçado por Campbell, encontra-se nos títulos a seguir:

Livros de Heinrich Zimmer completados e editados por Joseph Campbell.

Myths and Symbols in Indian Art and Civilization (1946), *The King and the Corpse* (1948), *Philosophies of India* (1951) e *The Art of India Asia* (1955).

---

[109] CAMPBELL, 2003, p. 153-154.

Heinrich Zimmer (1890-1943), fotografado nos anos de 1930.

No prefácio do livro *Mitos e símbolos na arte e civilização da Índia*, publicado em 1946, Campbell discorre, em detalhes, o processo de compilação dessa obra de Zimmer. Esse prefácio é datado de 28 de outubro de 1945:

> Foi uma perda imensa a morte súbita de Heinrich Zimmer, de pneumonia, dois anos após sua vinda para os Estados Unidos, quando se iniciava aquele que certamente seria o mais produtivo período de sua carreira. Deixou duas caixas contendo anotações e escritos, como testemunhas de projetos que vinha desenvolvendo em ritmo acelerado. As conferências então proferidas na Universidade de Columbia estavam sendo datilografadas, preparando-se sua posterior transformação em livro; havia um volume sobre medicina hindu, semiacabado, uma introdução esboçada ao estudo do sânscrito, e fora principiada uma obra popular sobre mitologia. Anotações em alemão, inglês, sânscrito e francês foram encontradas em meio aos livros de sua biblioteca e arquivos, sugerindo artigos a serem escritos, pesquisas a serem concluídas, e até mesmo viagens que o levariam a locais específicos da Índia, quando a guerra acabasse. Tendo se adaptado com rapidez ao estilo do seu novo país, estava ansioso por contribuir para o seu patrimônio intelectual. Mal começara a situar-se, no entanto, quando passou subitamente da plena atividade para a morte, em apenas sete dias. A tarefa de resgatar do esquecimento a maior parte possível do seu trabalho, interrompido de maneira abrupta, foi assumida de imediato. *Mitos e símbolos na arte e civilização da Índia* é a reelaboração de uma série de conferências pronunciadas na Universidade de Columbia durante o inverno de 1942. As notas datilografadas foram complementadas com mais detalhes, em

sala de aula, por alocuções improvisadas e ilustradas por mais de duzentos *slides*. Transformar essas palestras em livro exigiu um considerável trabalho: reescreveu-se, reordenou-se, houve reduções e acréscimos. Lembranças de conversas havidas com o Dr. Zimmer foram de ajuda inestimável nessa reconstituição. Em não as havendo, procurei a ajuda das autoridades que ele mais respeitava. Como não havia, para o Dr. Zimmer, necessidade de completar seus escritos particulares com as anotações, créditos e referências necessárias à publicação de um livro, o compilador precisou enfrentar a complicada tarefa de descobrir as fontes dos numerosos mitos e ilustrações.[110]

Por fim, mas não menos importante, é a influência de Thomas Mann. Sintamos o próprio Campbell expressar a relevância desse autor em sua vida pessoal e intelectual: "Em minha vida, aprendi muito lendo Thomas Mann e James Joyce, que aplicaram temas mitológicos básicos à interpretação dos problemas, questões, realizações e preocupações do jovem em estágio de crescimento, no mundo moderno. Você pode descobrir os seus próprios motivos de orientação mitológica nos livros de um bom romancista que, por sua vez, compreenda essas coisas."[111]

Ecos dos escritos campbellianos

Joseph Campbell escreveu, organizou e editou mais de duas dezenas de livros. Vejamos alguns deles: em *O herói de mil faces*, obra mais conhecida e difundida, o autor procura elucidar a figura do herói. O ponto de partida de Campbell é a relação entre os símbolos intemporais e aqueles detectados pela psicologia moderna e profunda. Nesse estudo do mito do herói, apresenta a existência de um *monomito* (ideia matriz emprestada de James Joyce), um modelo universal, comum a todas as narrativas heroicas das culturas humanas. Além de delinear os estágios básicos do ciclo mítico, o autor explora as variações comuns da jornada do herói que, segundo ele, é uma metáfora importante não apenas de um indivíduo, mas, sobretudo, de toda uma cultura.

Mitologia na vida moderna é composto por dez ensaios produzidos entre 1959 e 1987, auge da carreira de Campbell. Abrangentes e rigorosos,

---

[110] CAMPBELL, 1989, p. 5-6.
[111] CAMPBELL, 1998, p. 152.

os textos exploram o mito em várias dimensões: sua história, influência sobre a arte, literatura e cultura, bem como seu papel na vida moderna. Os argumentos apresentados e desenvolvidos nos ensaios revelam os fios do mito profundamente entrelaçados ao tecido da cultura e da vida humanas. Agrupados postumamente, a seleção e edição coube a Antony van Couvering.

Em *A imagem mítica*, Campbell promove uma análise da unicidade da existência e da espiritualidade humanas, evidenciada, sobretudo, por meio do estudo comparativo da imagística onírica e da mitologia do Oriente e do Ocidente.

As máscaras de Deus: mitologia primitiva é o primeiro volume, de uma série de quatro, obra monumental de Joseph Campbell. Contém uma abordagem dos mitos dos povos caçadores e coletores. *As máscaras de Deus: mitologia oriental*, o segundo volume, apresenta um estudo da mitologia oriental, sobretudo de mitos originados no Egito, na China, no Tibete e no Japão. *As máscaras de Deus: mitologia ocidental*, terceiro volume, compara temas mitológicos que figuram na arte, no rito e na literatura do mundo ocidental. *As máscaras de Deus: mitologia criativa*, quarto e último volume da tetralogia, aborda a esfera filosófica, espiritual e artística da cultura moderna, do homem como criador de sua própria mitologia. Ao terminar de escrever esse livro, Campbell declarou em entrevista:

> É um livro que trata do que eu chamo de mitologia criativa. Na mitologia tradicional, à qual os três primeiros volumes são dedicados – a primitiva, a oriental e a ocidental – os símbolos mitológicos são herdados pela tradição e o indivíduo passa pelas experiências como planejado. Um artista criativo trabalha de maneira inversa. Ele passa por uma experiência de alguma profundidade ou qualidade e procura as imagens com as quais a representar. É o caminho inverso. Por isso o título do livro é *Mitologia Criativa*. Ele trata do primeiro problema que é a experiência estética, que eu chamo de "apreensão estética", e então apresento uma análise da tradição imagética que os artistas modernos europeus herdaram. Temos a antiga tradição da Idade do Bronze; temos as tradições semita e hebraica; temos as tradições clássicas gregas. Também temos as tradições dos cultos de mistério e a tradição gnóstica; temos a tradição muçulmana, que era muito forte na Idade Média; temos a tradição celta e germânica e assim por diante. Esse é todo o vocabulário; é um tesouro maravilhoso no qual o artista vai buscar suas imagens. De fato, elas vão coagular com ele se ele for um homem meio letrado. As imagens virão

e vão se combinar com o que ele está dizendo. E eu cito como meu documento principal a tradição da literatura secular europeia dos séculos XI e XII. Para juntar tudo isso, peguei a literatura que lidasse com temas comuns. Os dois temas comuns que, para mim, parecem apresentar uma influência dominante na escritura europeia ocidental são o tema de Tristão e o do Santo Graal. Começo com um grupo de escritores do fim do século XII e início do século XIII. Aí apresento ecos deles, primeiro em Wagner; depois a constelação em volta dele: Schopenhauer e Nietzsche; e seguindo até, é claro, Mann e Joyce. Então, de maneira geral, vou e volto com o tema da terra devastada. Esse conflito entre autoridade e experiência individual é meu tema principal do começo ao fim. E com ele vem a afirmação do indivíduo em sua experiência individual que só é possível hoje no mundo ocidental. Nossa religião foi importada do Levante com seu autoritarismo e até mesmo com a revolução protestante, que foi um tipo de triunfo do espírito individualista europeu, ainda apegado à Bíblia, então você tem que acreditar naquela coisa estúpida escrita Deus-sabe-quando. Mas a verdadeira literatura secular se desliga disso. E esse desligamento acontece com o Graal. É claro que ela começa a florescer justamente na época de Inocêncio III, o mais autoritário dos autoritários, mas acabou – parou bem ali, por volta de 1225-1230. A Inquisição é trazida à baila em 1232, e aí temos que esperar. E aí acontece a grande mudança. É claro que aí tenho que fazer uma ponte. Tenho que ir do começo ao fim. Mas é incrível o quanto devemos a uns poucos que fizeram tudo o que temos, que tiveram a coragem de dizer "vocês estão errados". Eles são meus heróis. Mas temos também uma heroína, a primeira, e é ela quem começa tudo, seu nome é Heloísa. A Heloísa de Abelardo, ela é a rainha do livro. Em suma, é isso.[112]

O conjunto dos quatro volumes de *As máscaras de Deus* é a confirmação de um pensamento em que "a unidade da raça humana está não somente em sua biologia, mas também em sua história espiritual", conforme afirmou Campbell em entrevista.

Entre 1958 e 1971, Campbell proferiu uma série de 25 palestras no *Cooper Union Forum*, em Nova York, que serviram como base de *Para viver os mitos*. Neste livro, o autor discute a permanência, na atual sociedade tecnológica, da influência dos mitos que motivaram as sociedades pré-científicas. Segundo Campbell, os temas das palestras foram propostos por Johnson Fairchild[113].

---

[112] CAMPBELL, 1968. *The Goodard Journal*, vol. 1, n. 4, 9 de junho de 1968.
[113] CAMPBELL, 2003, p. 164.

O poder do mito apresenta uma visão ampla e profunda sobre o mito. O livro resultou de uma longa conversa com o jornalista Bill Moyers, da qual foi extraída a minissérie homônima, com seis horas de duração, exibida pela PBS – *Public Broadcasting System*, rede de TV Educativa dos Estados Unidos. O casamento, os nascimentos virginais, a trajetória do herói, o sacrifício ritual e os personagens heroicos do filme *Star Wars* são tratados de modo original durante a entrevista.

O tema da *Grande Mãe*, arquétipo que configura o princípio feminino doador e nutridor da vida, é o foco do livro *Todos os nomes da Deusa*, que conta com a colaboração de Riane Eisler, Marija Gimbutas e Charles Musès.

As transformações do mito através do tempo consiste em uma coletânea de treze palestras proferidas por Campbell quase no final de sua vida, abordando, entre outros, temas como as origens do homem e do mito, o mito dos indígenas norte-americanos, deusas e deuses no período neolítico, o Egito, o Êxodo e Osíris. Já *O voo do pássaro selvagem: ensaios sobre a universalidade dos mitos* traz uma interpretação sobre a universalidade dos mitos, sobre o mistério da mitologia e a sua importância frente aos desafios com os quais se defronta a sociedade contemporânea.

Organizado por Campbell, *Mitos, sonhos e religião nas artes, na filosofia e na vida contemporânea* constitui um conjunto de ensaios de vários pensadores. São textos que se atêm às relações dos sonhos e dos mitos com as artes, a religião, a filosofia e a vida moderna. Entre os ensaístas que participam do livro, citamos Alan Watts, autor do clássico *O espírito do zen*, que retrata o zen-budismo, e o psicoterapeuta Rollo May, conhecido no Brasil por seu livro *A coragem de criar*. Completam os ensaios: Norman O. Brown, David L. Miller, John F. Priest, Amos N. Wilder, Stanley Romaine Hopper, Ira Progoff, Owen Barfield e Richard A. Underwood.

Mitologias

O mito é o princípio da vida, a ordem eterna, a fórmula sagrada para a qual a vida flui quando esta projeta suas feições para fora do inconsciente.
Thomas Mann

O mito na sociedade moderna

Os mitos são enunciados fundadores da condição humana e, portanto, resistem à historicidade da espécie. Encarados, por vezes, com pouca importância à compreensão e à solução da *práxis* social e existencial, muitos questionam sua relevância nos dias atuais. Isso se dá, em parte, devido ao desenvolvimento científico e tecnológico da sociedade humana e à suposição de que tal desenvolvimento suprime as narrativas míticas. Refletir sobre as acepções de mito na compreensão de algumas epistemologias e a relação entre mito e *logos* como as duas faces complementares do pensamento humano é o objetivo deste capítulo.

Foi, sobretudo, a partir do século XVII, com o nascimento das ciências modernas, quando uma parte do mundo ocidental passa a ser regido pelo pensamento científico e pela racionalização, que os mitos começaram a ser desclassificados e entendidos como sinônimos de ilusão, superstições e crenças do passado. A partir de então, a ciência acreditou que o mundo só poderia ser compreendido por meio dos mecanismos da razão. Assim, as narrativas míticas começam a ser deixadas de lado, pois na mente de um homem racional não deveria existir lugar a essas divagações "sem lógica". Esse pecado original, que "impedia" o uso da racionalidade, deveria ser expurgado para que triunfasse a razão.[114]

A vida humana foi transformada pelo método científico de pesquisa, o que colapsou todo um universo de símbolos[115] há muito tempo herdado. A cultura moderna colocou sua fé na ciência de forma privilegiada e, com isso, desqualificou o conhecimento mítico, reduzindo a sua importância, uma vez que, apesar da degeneração permanente desse itinerário do pensamento, os mitos ficaram, praticamente, em segundo plano no conjunto das constelações culturais nos últimos três séculos.

Porém, desde os primórdios, as sociedades humanas criam e recontam seus mitos, como uma forma de explicar a cosmogonia, os ciclos da natureza, a condição humana, a vida e a morte, lançando mão de uma linguagem simbólica. Todos os povos possuem a sua mitologia e, durante muito tempo, os mitos foram a chave para fornecer ao homem respostas sobre as perguntas que insistem em não calar no interior de cada um: Por que as coisas são como são? Como o mundo começou? Como as pessoas foram criadas e por quê? Quando fomos agraciados com a vida? De onde vieram as estrelas? Quem foram os primeiros habitantes do mundo em que vivemos? Além de procurar responder a essas dúvidas antropossociais fundamentais, os mitos orientam também as culturas na compreensão dos fenômenos da natureza, dos sentimentos, do desconhecido e das dores da alma. Ainda funcionam como um código de valores sociais a ser seguido e respeitado.

De acordo com Campbell, toda "mitologia é a organização de narrativas simbólicas e imagens que são metafóricas das possibilidades da experiência humana e da sua realização em determinada cultura, em certa

---

[114] FARIAS, 2006, p. 25.
[115] CAMPBELL, 2000.

época"[116]. Portanto, de forma ampliada, a mitologia configura um *corpus* de saberes cuja característica mais marcante expressa-se pela metáfora e pela construção de personagens emblemáticos. Na Grécia antiga, por exemplo, os gregos possuíam uma mitologia riquíssima com histórias e personagens. Hércules, Minotauro e os deuses do Olimpo são exemplos de narrativas contadas, recontadas e estudadas, ao redor do mundo, infindáveis vezes. As narrativas míticas são reservatórios simbólicos dos quais jorram imagens arquetípicas utilizadas como matéria-prima por artistas, poetas, escritores, intelectuais e sábios.

Mito e *logos*

Diversos autores se ocuparam em discutir e entender as cosmologias míticas. Em *Breve história do mito*, Karen Armstrong (2005) faz uma distinção bastante clara entre o que vem a ser um mito e o que significa *logos*. Considero importante expor o longo argumento da autora para entendermos a importância que o mito exerce na vida dos homens:

> Os seres humanos foram capazes de compensar suas desvantagens físicas desenvolvendo as faculdades de raciocínio de seu cérebro (...) quando aperfeiçoavam a capacidade de caça. Inventaram armas, aprenderam a se organizar em sociedades com o máximo de eficiência e a trabalhar em equipe. Mesmo neste estágio inicial, o *homo sapiens* já desenvolvia o que os gregos chamariam de logos, o modo de pensar lógico, pragmático e científico que lhe permitiria atuar com sucesso no mundo. Logos é muito diferente de pensamento mítico. Ao contrário do mito, o logos deve corresponder exatamente aos fatos objetivos. Ele é a atividade mental que empreendemos quando queremos fazer as coisas acontecerem no ambiente externo: quando organizamos a sociedade ou desenvolvemos a tecnologia. Ao contrário do mito, é essencialmente pragmático. Enquanto o mito se volta para o mundo imaginário do arquétipo sagrado ou para um paraíso perdido, o logos olha para a frente, tentando constantemente descobrir algo de novo, refinar conhecimentos anteriores, apresentar invenções surpreendentes e adquirir maior controle sobre o ambiente. Contudo, mito e logos têm ambos suas limitações. No mundo pré-moderno, as pessoas em geral se davam conta de que mito e razão se complementavam; cada um existia numa esfera distinta, cada um tinha sua área de competência específica, e os

---

[116] CAMPBELL, 2003, p. 166.

seres humanos necessitavam desses dois modos de pensamento. Um mito não explicava ao caçador como matar uma presa, nem ensinava a organizar uma expedição bem-sucedida, mas o ajudava a lidar com as emoções complicadas ligadas à matança de animais. O logos era eficiente, prático e racional, mas não conseguia responder a questões relativas ao valor último da vida humana, nem mitigava dor e sofrimento. Desde o princípio, portanto, o *homo sapiens* compreendeu instintivamente que o mito e o logos tinham tarefas diferentes a desempenhar. Usou o logos para aprimorar armamentos, e o mito, com seus consequentes rituais, para se reconciliar com fatos trágicos da vida que ameaçavam sufocá-lo e o impediam de agir com eficiência.[117]

Nessa mesma direção, Edgar Morin (1996; 1999) afirma que a relação entre mito e *logos* pode ser situada como duas faces do mesmo pensamento humano. Os dispositivos *mito-lógicos* constituem a face unidual do *sapiens--demens* e da cultura. Caso não se possa ser objetivo, o pensamento mitológico será carente, da mesma forma que o pensamento racional o será se for cego à subjetividade; o pensamento mítico é, muitas vezes, desprovido de imunidade empírico-lógica e é isso que o faz vencer eficazmente o obstáculo da contradição. Nas palavras de Morin, "o mito alimenta, mas confunde o pensamento; a lógica controla, mas atrofia o pensamento"[118]. Para o autor, "os dois modos coexistem, entreajudam-se, estão em constantes interações como se um tivesse uma necessidade permanente do outro; podem por vezes confundir-se, mas provisoriamente. Toda renúncia ao conhecimento empírico/técnico/racional conduziria os humanos à morte; toda renúncia às suas crenças fundamentais, desintegraria a sua sociedade"[119].

Em *Complexidade, saberes científicos, saberes da tradição*, Maria da Conceição de Almeida (2010) afirma que, mesmo sem ter a pretensão de construir uma arqueologia dos dispositivos mitológicos, é importante destacar que estamos em um momento da história do conhecimento que inaugura uma relação mais respeitosa entre ciência e mito, como duas formas de representação do mundo dotadas de características próprias. Declara que cabe ao mito e às mitologias repor o estoque estético e poético da com-

---

[117] ARMSTRONG, 2005, p. 31-32.
[118] MORIN, 1999, p. 164.
[119] MORIN, 1999, p. 186.

preensão do universo, com leituras mais imaginativas, ousadas e, até mesmo, incertas[120].

Almeida (2010) anuncia ainda que, "como a arte e a música, o mito pode ser concebido como uma reserva poético-estética da condição humana"[121] e lista cinco argumentos que ajudam a construir essa concepção. O primeiro argumento é que o mito possui reservas do imaginário, não metonímico e facilitador do deslocamento cognitivo do estado prosaico para o poético. O segundo refere-se a um mecanismo de resistência à imputação de sentidos unitários. O terceiro aduz que o tempo do mito é diferente do cronológico. O quarto argumento refere-se à construção mítica dotada de plasticidade cognitiva, operando por bricolagem. E, por fim, o mito é uma linguagem de modelização poética que constrói o mundo.

Ao interrogar-se sobre as origens da razão grega, Jean-Pierre Vernant (2002) lança uma questão importante: "Quais foram as condições sociais e psicológicas que permitiram o surgimento, em um cantinho da Ásia Menor povoado de colonos gregos, de uma nova forma de pensamento?". Ele pergunta à razão em si que nos explique o que ela é para entender a natureza e a função do pensamento racional, ou seja, aponta suas próprias armas contra ele[122].

Para Vernant (2002), a razão não pode ser uma espécie de divindade, como também não pode mais aparecer como um valor absoluto que os homens teriam ignorado durante muito tempo e que, de repente, no século sexto antes da nossa era cristã, ter-se-ia encarnado de uma forma providencial em um povo eleito, o povo grego, exatamente como, seis séculos depois, o Espírito Santo teria encarnado milagrosamente em outro povo, o hebreu. Ou seja, os escolhidos foram os gregos, depois os hebreus.

Ao questionar as origens da razão grega, Vernant (2002) a reintroduz na história e afirma que podemos tratá-la como um fenômeno humano, logo, submetida a condições históricas definidas e suas variações, transformações, diversidade. Razão, para o historiador, são modos definidos de pensamento, disciplinas intelectuais, técnicas mentais próprias e campos

---

[120] ALMEIDA, 2010, p. 147-148.
[121] ALMEIDA, 2010, p. 148.
[122] VERNANT, 2002.

particulares da experiência e do saber. Formas diversas de argumentação, de demonstração, de refutação; modos particulares de inquérito sobre os fatos e de argumentação das provas; diferentes tipos de verificação experimental. "Essas formas de pensamento estão igualmente ligadas ao nível técnico do desenvolvimento da ciência, a todo o instrumento científico que se tornam, por certo, teorias encarnadas em realidades materiais, questionam também toda a história técnica e econômica das sociedades humanas."[123]

Segundo Vernant, "a razão aparece imanente à história humana em todos os níveis; não podemos separá-la dos esforços produzidos e renovados pelo homem para entender o mundo da natureza e o mundo social. A razão fabrica e se transforma a si mesma"[124]. Ela constrói instrumentos de duas ordens: técnicos e intelectuais para compreender os fenômenos. O autor atenta, ainda, para o fato de que a ciência progride e disso decorre uma ameaça ao seu equilíbrio. Segundo ele, o sistema se reestrutura em face de importantes progressos[125]. Logo, a razão não pode ser imutável, nem absoluta. Ela vive de crise, pois o progresso do pensamento racional ocorre por meio de crises, grandes crises e revoluções.

Vernant (2002) argumenta que o surgimento da razão na Grécia deve-se também ao estilo e ao funcionamento da sociedade. O exercício da política com um debate público argumentado, livremente contraditório, tinha se tornado também o do jogo intelectual, pois "só existe racionalismo se aceitamos que todas as questões, todos os problemas, sejam entregues a uma discussão aberta, pública, contraditória"[126]. Caso contrário, a verdade torna-se um dogma e passa à esfera do religioso, que é inquestionável. O autor apresenta dois tipos de razão: teórica ou do discurso e a razão experimental da ciência. Vamos por partes.

Razão teórica ou do discurso. Para o autor, a razão grega exprimia-se essencialmente nos discursos. Era uma razão teórica, imanente à linguagem. Os pensadores gregos tinham encontrado seus princípios a partir de uma análise da argumentação oral e das regras que presidem o manejo da linguagem. Essa lógica do discurso, analítica da palavra, perdeu muito de

---

[123] VERNANT, 2002, p. 192.
[124] Op. cit.
[125] Op. cit., p. 193.
[126] VERNANT, 2002, p. 194.

sua importância e de seu valor, ao menos no que concerne ao pensamento científico hoje. Não se pode distinguir uma dupla orientação da razão contemporânea. Ela se distanciou da língua falada para ir ao encontro da linguagem matemática, no sentido de edificar uma lógica do número e da quantidade, em vez de uma lógica do conceito e da qualidade; dirigiu-se, contudo, para a observação sistemática dos fatos, a exploração minuciosa do real. Essa dupla orientação fez da razão uma inteligência experimental.[127]

Por sua vez, a *razão experimental da ciência* é essencialmente problemática. "Ela só progride por meio dos questionamentos constantes dos fatos, das teorias e até de seus próprios princípios. Quer se trate do princípio de causalidade, do princípio de substância, do princípio de identidade, todos esses princípios são questionados e reinterpretados pelo próprio progresso da investigação científica."[128]

> Assim, ao lado das narrativas antigas que eram ouvidas pelas crianças, estas narrativas que as penetram, que as ensinam a classificar as coisas, a colocá-las em seu lugar e a situá-las dentro dessa classificação, ao lado destas narrativas nas quais acreditam, por conseguinte, de uma maneira que as põe em conformidade com a ordem social e até mesmo cósmica, desenvolve-se um tipo de atitude intelectual, um tipo de discurso que não é uma narrativa, e sim uma argumentação que tem pouca relação com a verdade, mas que constitui um aspecto fundamental da vida grega. Seu papel é justamente a persuasão, ou seja, a crença, mas uma crença que não é religiosa.[129]

O discurso persuasivo passa a concorrer com as antigas narrativas que encantavam os homens, "não só porque nelas aconteciam coisas extraordinárias, como também porque, no final da narrativa, tinha-se a sensação de se ter entendido por que Zeus é Zeus e por que os deuses são os deuses, por que os homens são infelizes e mortais, e por que existem heróis entre os homens e os deuses."[130]

Referimo-nos ao campo simbólico. Como sabemos, os filósofos são oriundos, em parte, das tradições religiosas. Vernant (2002) indica dois ti-

---

[127] VERNANT, 2002, p. 195.
[128] VERNANT, 2002, p. 195-196.
[129] VERNANT, 2002, p. 205.
[130] Op. cit.

pos de discurso, do ponto de vista da crença e da racionalidade, que não podemos separar. Para ele, há uma racionalidade na narrativa mítica e outra racionalidade no discurso da filosofia. O autor afirma também haver uma modalidade de crença presente em todo filósofo.

Em continuidade, Vernant aponta que temos, então, duas novidades. A primeira é o diálogo entre mestre e aluno, o debate, a discussão, sem vencedores ou vencidos. "O mestre não procura vencer ou calar, ele tenta, em seu jogo de perguntas e respostas, em um discurso vivo, fazer nascer em seu discípulo seu próprio discurso, o discurso da verdade."[131] A segunda novidade é que a discussão deve ser, igualmente, uma forma de demonstração. "Existe aí uma ideia fundamental do ponto de vista da racionalidade; ela está ligada, também, ao desenvolvimento da Matemática e encontrará em Os Elementos, de Euclides, sua melhor expressão."[132] A verdade está relacionada à coerência interna do discurso.

> Este tipo de racionalidade opõe-se tanto ao dos sofistas quanto ao do mito; está ligado à emergência de um novo simbolismo social em que o mestre, o filósofo, desempenha um papel institucional, possui uma academia e alunos nos quais deixa sua marca. Os discursos do filósofo distinguem-se por sua racionalidade, pela confiança que implica em sua coerência.[133]

Os filósofos gregos teriam realmente inaugurado um novo modo de reflexão? Vernant argumenta que não, pois sempre houve racionalidade e irracionalidade de forma absolutamente solidária na Grécia. Os babilônios e os chineses também tiveram suas formas de racionalidade, num outro patamar que não necessariamente o da razão grega[134]. Todas as sociedades, em algum momento da história, pautaram-se pelas narrativas míticas para explicar "porque as coisas são como são".[135]

Para Morin (1996), os povos primitivos se moviam nos dois pensamentos de forma complementar, sem os confundir. Embora o duplo pensamento – *mythos* e *logos* – tenha se tornado antagonista, "muitos trabalhos

---

[131] VERNANT, 2002, p. 206.
[132] Op. cit.
[133] VERNANT, 2002, p. 206.
[134] VERNANT, 2002.
[135] QUINN, 1998.

de inspirações diversas convergem para sublinhar a presença oculta do mito no âmago do nosso mundo contemporâneo"[136].

Alimentos da alma

Hoje, qual seria a importância dos mitos para o homem moderno? Mesmo considerando *as transformações do mito através do tempo*, para usar a expressão que dá título a um livro de Campbell (1993), faz sentido refletir sobre as funções e potencialidades do mito na sociedade contemporânea. Os homens precisam dos mitos, seja para expressar seu inconsciente, seja para explicar o inexplicável, seja para exprimir sua ludicidade ou para compreender o que não é explicável por outros modos de conhecer, como a ciência, por exemplo. Os mitos alimentam nossa alma, são elementos que nos dão coragem para continuar a viver, possuem forças de esperança, são uma forma de lidar com medos e desejos, uma maneira de entendermos a nós mesmos e a nossa realidade, "a parte escondida de toda história; a zona ainda não explorada porque faltam ainda as palavras para chegar até lá"[137]. Surgem da nossa necessidade interior de buscar outra realidade para, por meio dela, entendermos a nossa. Para Karen Armstrong (2005), toda sociedade humana necessita de mitos para evitar a esterilidade da vida contemporânea:

> Precisamos de mitos que nos ajudem a nos identificar com nossos semelhantes, e não apenas com quem pertence à nossa tribo étnica, nacional ou ideológica. Precisamos de mitos que nos ajudem a valorizar a importância da compaixão, que nem sempre é considerada suficientemente produtiva ou eficiente em nosso mundo racional pragmático. Precisamos de mitos que nos ajudem a desenvolver uma atitude espiritual, para enxergar adiante de nossas necessidades imediatas, e nos permitam absorver um valor transcendente que desafia nosso egoísmo solipsista. Precisamos de mitos que nos auxiliem a novamente venerar a terra como um lugar sagrado, em vez de utilizá-la apenas como "recurso". Isso é crucial, pois não poderemos salvar nosso planeta a não ser que ocorra uma revolução espiritual capaz de se equiparar ao nosso gênio tecnológico.[138]

---

[136] MORIN, 1996, p. 145.
[137] CALVINO, 1977, p. 77.
[138] ARMSTRONG, 2005, p. 115.

Como sabemos, todo conhecimento é fruto de reflexões e relações que os sujeitos estabelecem entre si e com o meio em que estão imersos. Nessa acepção, o conhecimento mítico, mesmo longe de pautar-se pelo método científico, insere-se em um contexto argumentativo e simbólico maior. Daí, se pode afirmar que o conhecimento mítico gera saberes pertinentes a uma dada sociedade, a um determinado grupo. Foi assim comigo, e deve ter sido semelhante com tantas outras pessoas.

Meu interesse por mitologia remonta à minha primeira infância vivida no litoral sul do estado do Rio Grande do Norte, em um lugar caracterizado por guardar traços de uma forte tradição oral. Essas antigas narrativas entraram em minha vida muito cedo. Cresci ouvindo histórias míticas e fabulares, contadas para as crianças pelos pescadores e pelas velhas senhoras que teciam redes de pesca artesanais sentadas nas varandas das casas de frente para o mar[139]. O despertar pelos mitos alargou-se ainda mais por meio dos quadros de seres mitológicos pintados por artistas, sobretudo europeus, em diversos períodos da história da arte no Ocidente, dispostos nos catálogos da biblioteca pública da minha cidade. Foi esse o nicho que alimentou minhas primeiras compreensões sobre o mundo, a vida e os valores humanos.

Anos mais tarde, já adulto, passei a residir em Belém do Pará. O contato com a mitologia amazônica traria de volta a memória infantil. Na Amazônia paraense, as populações ribeirinhas guardam singularidades próprias. "Vi, ouvi e vivenciei, em Belém, experiências de grupos e pessoas que não opõem o universo mítico ao mundo material. As narrativas míticas influenciam fortemente o imaginário coletivo: são os efeitos do real que as narrativas transmitem na cultura."[140]

Apoiando-se nas ideias de *A ciência nova*, do historiador napolitano Giambattista Vico, publicado originalmente em 1744, segundo o qual todas as histórias dos povos têm um começo fabuloso, João de Jesus Paes Loureiro (2001) afirma que a história amazônica está mergulhada neste estado de eterno começo. Para ele, os ribeirinhos amazônicos convivem com os seres míticos que habitam o outro lado do mundo visível, ou seja,

---

[139] FARIAS, 2011.
[140] FARIAS, 2006, p. 37, e *passim*.

são guiados pela memória, pela oralidade, pelo maravilhamento diante da realidade cotidiana.

> Na Amazônia as pessoas ainda veem seus deuses, convivem com seus mitos, personificam suas ideias e as coisas que admiram. A vida social ainda permanece impregnada do espírito da infância, no sentido de encantar-se com a explicação poetizada e alegórica das coisas. Procuram explicar o que não conhecem, descobrindo o mundo pelo estranhamento, alimentando o desejo de conhecer e desvendar o sentido das coisas em seu redor. Explicam os filhos ilegítimos pela paternidade do boto; os meandros que na floresta fazem os homens se perderem pela ação do curupira; as tempestades pela reação envaidecida da mãe do vento e outras coisas.[141]

Em *Alfabetos da alma*[142], exemplifico como isso acontece na vida dessas pessoas a partir dos relatos e das narrativas por mim registradas em pesquisa de campo, entre os anos de 1998 e 2002, nos estados do Pará e do Rio Grande do Norte. Esses documentos orais foram fundamentais para que eu pudesse empreender uma reflexão na minha dissertação de mestrado intitulada *Literatura como escola de vida: a propósito das narrativas da tradição*, que trata sobre a importância das histórias tradicionais na educação dos sujeitos que nascem e crescem em sociedades de cultura oral, e como essas histórias ajudam nas tomadas de decisões cotidianas, na educação, na formação de valores e na caminhada diária da vida dos sujeitos[143].

Nesse mesmo período, entrei em contato com a obra de Joseph Campbell e iniciei a leitura de alguns dos seus livros de forma mais sistemática e pontual. Tal leitura me possibilitou compreender que sua história pessoal estava completamente imbricada na sua obra, pois o interesse de Campbell pela mitologia despertou desde cedo. Isso me ajudou a entender o meu fascínio pelos antigos contos tradicionais, pelas fábulas, pelas lendas e pelas narrativas míticas, uma vez que tais narrativas pulsam fortemente dentro de mim.

Percebi, mais profundamente, que as narrativas ancestrais repetem-se em todas as culturas humanas, contadas e recontadas ao longo dos mi-

---

[141] PAES LOUREIRO, 2001, p. 110.
[142] FARIAS, 2006.
[143] SILVA, 2003.

lênios no calor das chamas da fogueira. São variações sobre o mesmo tema e falam sobre a condição humana. Segundo Campbell, "as histórias contadas em diferentes culturas são sempre as mesmas. Os temas são atemporais e a inflexão cabe à cultura. As histórias acolhem o mesmo tema universal, mas o adaptam com sutis diferenças, dependendo do particular enfoque de quem as está contando"[144].

O canto do Universo

Campbell considera a mitologia o *canto do Universo*, a música das esferas: "música que dançamos, mesmo quando não somos capazes de reconhecer a melodia"[145]. Campbell refere-se ao caráter inconsciente e arquetípico do mito, pois embora a compreensão mítica seja erroneamente considerada como um estágio ultrapassado de explicação do mundo, faz parte do nosso acervo inconsciente e continua atuando a partir dele. Para o autor, todos os homens, independentemente da cultura à qual pertençam, participam desse imenso coral, iniciado quando começaram a contar histórias sobre os mistérios da vida. Afirmava que todas as narrativas, conscientes ou não, surgem de antigos padrões do mito, ou seja, os mitos fornecem a matéria-prima para a grande maioria das histórias contadas pela humanidade, pois o mito capta a vida no seu eterno fluir.

Em seus estudos sobre os mitos do mundo, ele persiste na tese de que todos têm, como matriz, a mesma história, contada, porém, com variações e adaptada à realidade de quem a conta. Os detalhes são diferentes em cada cultura, mas fundamentalmente são sempre semelhantes. Segundo Campbell (1998), toda cultura antiga e pré-moderna utilizava uma técnica ritmada para contar histórias, retratando os protagonistas e antagonistas com certas motivações e traços de personalidade constantes, num padrão que transcende as fronteiras das línguas e das culturas.

A ideia-guia do seu trabalho era procurar "o caráter comum dos temas nos mitos do mundo, visando a constante exigência, na psique humana, de uma centralização em termos de princípios profundos"[146]. Campbell

---

[144] CAMPBELL, 1998, p. 11-12.
[145] CAMPBELL *apud* MOYERS, 1998, p. XI.
[146] CAMPBELL *apud* MOYERS, 1998, p. X.

afirma que os mitos oferecem modelos de vida, mas os modelos têm de ser adaptados ao tempo em que vivemos. "Acontece que o nosso tempo mudou tão depressa que o que era aceitável há cinquenta anos não o é mais hoje."[147]

Costumava afirmar que "os mitos são metáforas da potencialidade espiritual do ser humano, e os mesmos poderes que animam nossa vida animam a vida do mundo"[148]. Há mitos e deuses que têm a ver com sociedades específicas ou com as deidades tutelares da mitologia. Há uma mitologia que nos relaciona com a nossa própria natureza e com o mundo natural, do qual fazemos parte. Para o autor, também há uma mitologia notadamente sociológica, que nos liga a uma sociedade em particular. Campbell defendia ainda que "precisamos de mitos que identifiquem o indivíduo, não com o seu grupo regional, mas com o planeta", uma mitologia planetária.[149]

Para Campbell, somos uma síntese de padrões antigos universais e de fórmulas que nos convidam a viver no fio da lâmina de nossa própria experiência. Se existe uma imagem inspiradora, para ele era a do planeta Terra visto do espaço sideral, algo que nunca ocorreu em toda a história até a segunda metade do século XX, quando o homem pisou em solo lunar. Esse acontecimento significava que não havia mais fronteiras, pois agora a humanidade estava se reconciliando com a consciência de que tudo o que fazemos afeta nossos semelhantes e o próprio planeta. A verdadeira comunidade mundial de nosso tempo era o planeta inteiro, sem fronteiras culturais: a imagem da Terra conforme vista da nave espacial Apollo 11.

Segundo o autor de *O herói de mil faces,* "todos os mitos são verdadeiros em diferentes sentidos. Toda mitologia tem a ver com a sabedoria da vida, relacionada a uma cultura específica, em uma época específica. Integra o indivíduo na sociedade e a sociedade no campo da natureza. É uma força humanizadora". E que "nossa mitologia baseia-se na ideia de dualidade: bem e mal, céu e inferno. Com isso, nossas religiões tendem a dar ênfase à ética, ao pecado e à expiação, ao certo e ao errado."[150]

As muitas faces do mito, problematizadas em seus livros, fizeram-me perceber que podemos entendê-lo sob várias nuanças, a depender do

---
[147] CAMPBELL, 1998, p. 13-15.
[148] Op. cit., p. 23.
[149] Op. cit., p. 26.
[150] Op. cit., p. 58.

enfoque teórico que ilumine uma de suas faces. Trata-se de um tema que abrange uma complexidade e uma singularidade muito grandes e, por essa razão, não é um objeto de fácil apreensão.

Nós vivemos nossos mitos ou eles vivem em nós? Edgar Morin sustenta que vivemos e morremos pelos deuses, mitos, ideias. Os mitos e deuses se alimentam de nossas energias vitais; eles nos parasitam e se autotranscendem a partir da energia psíquica que retiram de nós. Se, por um lado, somos parasitados pelos mitos, por outro, também os parasitamos. Será sempre uma relação de simbiose.

Para Campbell, mitos são histórias que dizem respeito ao nosso relacionamento interior com o divino ou com o desconhecido, são reflexos de nossos desejos, necessidades e medos, particulares e coletivos. Campbell apostou mais no simbolismo, significado e imagens do mito. Via os símbolos religiosos como metáforas para ideias filosóficas maiores. Concordava com Jung sobre o impacto dos arquétipos míticos, mas acreditava que a espiritualidade (independentemente de sua forma) era uma busca pela fonte da qual tudo provinha.

Por sua vez, Claude Lévi-Strauss via os mitos como construções abstratas muito mais do que como simbolismo de experiência, afirmando em *O pensamento selvagem* (1997) que a estrutura da mente humana é a mesma, independentemente do lugar, da época ou da cultura em que estivermos. Originalmente publicado em 1962, esse livro não versa diretamente sobre mitos. O foco central são as disposições universais do pensamento humano. A categoria "pensamento selvagem" não é o pensamento dos selvagens ou das populações primitivas em oposição ao pensamento ocidental, mas o pensamento em estado selvagem, ou seja, o pensamento humano em seu livre exercício, um exercício ainda não domesticado pela fragmentação do conhecimento. Essa estratégia de pensar não se opõe ao pensamento científico como duas formas ou duas lógicas mutuamente excludentes. Ambas se utilizam dos mesmos recursos cognitivos. O que as distingue, diz Lévi-Strauss, é o tipo de operação que essas duas estratégias operam: uma mais próxima da lógica do sensível, outra mais afastada dessa lógica. Para o autor, o reencontro entre essas duas estratégias é o horizonte esperado para pensar bem.

Ainda segundo Lévi-Strauss, a mente humana resolve problemas e explica as coisas da mesma forma. Igualmente, os mitos são criações idênticas de mentes idênticas em todo o mundo, e seu propósito é revelar os conflitos entre forças opostas na natureza humana. Para Lévi-Strauss, é a estrutura básica do mito, e não o simbolismo ou a narração, que fornece a resposta. Os mitos comprovam que os primeiros povos primitivos tinham a capacidade intelectual de entender ou dar sentido ao mundo[151].

De resto, ressalta-se que a cosmologia mítica foi profundamente estudada por Claude Lévi-Strauss no conjunto das *Mitológicas*[152], mas a matéria mítica faz parte das reflexões do antropólogo franco-belga em praticamente toda a sua obra. Certamente, as reflexões de Joseph Campbell já antecipam o caráter da universalidade do pensamento humano, quando aludem à repetição e à permanência da matriz do pensamento mítico. Certamente, também, a construção de Jean-Pierre Vernant a respeito do que seja a razão, prefigura a hipótese de que as razões diferenciadas no pensamento mítico e no pensamento lógico não se excluem entre si. Da parte de Edgar Morin, a indissociabilidade entre *mito* e *logos* reafirma os padrões unitários e, ao mesmo tempo, diversos do pensamento humano sobre o mundo.

Dessa perspectiva, o conhecimento científico deveria se mostrar capaz de incorporar as dimensões sensíveis da experiência humana em uma abordagem dialógica, ou seja, o futuro da ciência não deveria ser o distanciamento do pensamento selvagem, mas a sua convergência. É nessa mesma perspectiva que incidem as concepções de um pensamento complexo ou das ciências da complexidade.

---

[151] LÉVI-STRAUSS, 1997.
[152] O conjunto das *Mitológicas*, de Claude Lévi-Strauss, é composto por: *O cru e o cozido*. Mitológicas 1. Trad. Beatriz Perrone-Moisés. São Paulo: Cosac Naify, 2004; *Do mel às cinzas*. Mitológicas 2. Trad. Carlos Eugenio Marcondes de Moura; Beatriz Perrone-Moisés. São Paulo: Cosac Naify, 2004; *A origem dos modos à mesa*. Mitológicas 3. Trad. Beatriz Perrone-Moisés. São Paulo: Cosac Naify, 2006; e *O homem nu*. Mitológicas 4. Trad. Beatriz Perrone-Moisés. São Paulo: Cosac Naify, 2011.

Ressonâncias

A realidade necessita da ficção para ser mais completa,
agradável, mais fácil de viver.
Pedro Almodóvar

Campbell no cinema

As ressonâncias da obra de Joseph Campbell adentram diversas áreas do conhecimento científico, em especial, as Ciências Humanas e a Educação. Chegam, também, de forma mais ampliada e plena ao cinema. Campbell, que originariamente não se propôs a escrever nenhuma forma de manual de composição para o cinema, foi descoberto pelos roteiristas de Hollywood em meados da década de 1970 e tido como um grande conhecedor da alma humana e da arte de narrar histórias.

A projeção alcançada por *O herói de mil faces* no campo cinematográfico pode ser explicada, entre outros fatores, pelo reconhecimento do cineasta George Lucas sobre a importância desse livro para a elaboração da primeira trilogia do filme *Star Wars*. Clássico da ficção científica norte-

-americana, os filmes da série apresentam elementos míticos estudados e escritos por Campbell.

Como um grande admirador do trabalho do mitólogo, Lucas cria um espaço de linguagem singular para a compreensão de uma nova esfera da vida humana. O cinema atualiza, com elementos contemporâneos, os arquétipos universais e permanentes do mito. Para Campbell, Lucas imprimiu a mais poderosa rotação da história clássica do herói.

Em 1985, George Lucas proferiu um longo discurso sobre a importância que a obra de Campbell teve no seu trabalho de cineasta. O discurso foi lido no Clube Nacional das Artes, em Nova York, ocasião em que o autor foi agraciado com a medalha de ouro de literatura, pelo primeiro volume do atlas *The Way of the Animal Powers*.

> Há uns dez anos comecei a fazer um filme para crianças e tive a ideia de realizar um conto de fadas moderno. Todos os amigos me disseram: "O que você está fazendo? Você é louco! Você precisa fazer algo importante. Você tem de fazer algo socialmente relevante. Você precisa fazer algo que seja arte com A maiúsculo. Você tem de fazer o que nós estamos fazendo". Eu estivera trabalhando em um projeto sobre o Vietnã [*Apocalypse Now*] e o abandonara – eu o dera a um amigo [Francis Coppola] dizendo que eu tinha de fazer o tal filme para crianças. Eu não sabia o que estava fazendo naquela época. Comecei a trabalhar, a fazer a pesquisa, a escrever, e assim se passou um ano. Escrevi muitos rascunhos da obra e de repente tropecei em *O herói de mil faces*. Foi a primeira vez que consegui realmente estar focado. Após ler o livro eu disse a mim mesmo: "É isso o que eu estava fazendo. É isso mesmo". Eu havia lido outros doutores – freudianos, e também estivera lidando com um amplo suprimento de Pato Donald e Tio Patinhas, e todos os outros heróis míticos de nosso tempo. Mas em *O herói de mil faces*, pela primeira vez, encontrei um livro centrado no que eu já vinha fazendo de forma intuitiva. Comecei a ver um bocado de paralelismos e a ficar fascinado com todo o processo, e como resultado li vários outros livros, como *O voo do pássaro selvagem* e *As máscaras de Deus* enquanto continuava a escrever. Todo esse processo durou alguns anos. Como já disse, andei em círculos um bom tempo, tentando criar histórias, meu manuscrito vagou sem rumo e acabei escrevendo centenas de páginas. Foi em *O herói de mil faces*, de cerca de quinhentas páginas, que disse: "Aqui está a história". "Aqui está o fim; aqui está o foco; aqui está a forma que engloba tudo." Tudo estava ali, e tinha estado ali milhares e milhares de anos, como o doutor Campbell salientara. E eu disse: "É isso aí". Após ler mais livros de Campbell comecei a compreender como eu poderia fazer aqui-

lo. Quando aconteceu, percebi como fora importante a contribuição de Joe. Eu lera seus livros e dissera: "Aqui está toda uma vida de estudos, uma vida de trabalho que é destilada em uns poucos livros que posso ler em poucos meses e me permitem avançar no que estou tentando fazer, dando um foco à minha obra". Foi um grande feito, e muito importante. É possível que se eu não tivesse cruzado com Campbell ainda estivesse escrevendo o roteiro de *Star Wars* [*Guerra nas estrelas*]. Acho que podemos dizer, sobre alguns autores, que a sua obra é mais importante do que eles próprios. Mas, em relação a Joe, por maiores que sejam suas obras, não tenho dúvida alguma de que a totalidade do seu trabalho não é tão grande quanto ele próprio. Ele é realmente um homem maravilhoso e tornou-se meu Yoda.[153]

Podemos afirmar que, com *Star Wars*, as ideias do mitólogo norte-americano extrapolaram o universo acadêmico para atingir um público de pertencimentos intelectuais, culturais e de faixas etárias distintas. Pelos artifícios da sétima arte, essa produção foi capaz de povoar e alimentar matrizes imaginárias em diversas culturas sem perder em rigor. Não se pode considerar *Star Wars* uma simplificação da cosmologia campbelliana acerca do mito do herói nas culturas. Seria mais adequado afirmar que a transformação do conteúdo mítico do livro *O herói de mil faces* em roteiro cinematográfico foi possível pela acessibilidade a uma obra que, a princípio, estaria restrita aos intelectuais acadêmicos.

A série *Star Wars* é composta por seis filmes e divide-se em duas trilogias. A primeira é formada pelas películas *Uma nova esperança* (1977)[154], dirigida por George Lucas, *O Império Contra-Ataca* (1980), direção de Irvin Kershner, e *O retorno de Jedi* (1983), sob a direção de Richard Marquand. A segunda trilogia é composta por *Star Wars – A Ameaça Fantasma* (1999), *O Ataque dos Clones* (2002) e *A Vingança dos Sith* (2005), dirigidos por George Lucas.

Uma nova esperança (1977), o primeiro filme da saga e quarto na ordem cronológica da trama, narra a história do jovem fazendeiro Luke Skywalker que, junto ao contrabandista Han Solo, envolve-se na Guerra Civil Galáctica entre o tirano Império Galáctico e a Aliança Rebelde. *O Império Contra-Ataca* (1980), segundo da saga e quinto da ordem cronoló-

---

[153] LUCAS, 1985 *apud* CAMPBELL, 2003, p. 218-219.
[154] O primeiro filme foi intitulado simplesmente *Star Wars*, mas ganhou mais tarde o subtítulo *A New Hope* (Uma nova esperança) para diferenciá-lo dos demais.

gica, narra a perseguição de Luke Skywalker e o resto da Aliança Rebelde pelo Império Galáctico, sob liderança do vilão Darth Vader. *O Retorno de Jedi* (1983), terceiro filme da saga e sexto na ordem cronológica, remete à construção de uma segunda Estrela da Morte pelo Império Galáctico, sob a supervisão de Darth Vader.

Na segunda trilogia, *A ameaça fantasma* (1999) é o quarto filme da série e o primeiro da ordem cronológica. Situado em linha temporal pregressa, relativa a 32 anos em relação ao filme de 1977, mostra o Mestre Jedi Qui-Gon Jin, junto a outros personagens, protetores da Rainha Amidala, tentando um fim pacífico para uma disputa comercial interplanetária de grande escala. *O ataque dos clones* (2002), cujos acontecimentos situam-se dez anos após o filme de 1999, retrata a galáxia à beira de uma guerra civil. Por fim, em *A vingança dos Sith*, de 2005, temos os cavaleiros Jedi espalhados por toda a galáxia, liderando uma guerra maciça contra os separatistas; esse é o sexto filme da saga e o terceiro da ordem cronológica.

A divisão em duas trilogias vem ao caso pelo fato de Campbell ter participado, ativamente, apenas dos três primeiros filmes da série e, também, pelo acontecimento de que houve uma descontinuidade temporal, como vimos, na produção das três últimas películas exibidas após a morte de Campbell[155].

No que diz respeito à pesquisa deste livro, restrinjo-me apenas à primeira trilogia de *Star Wars*, da qual Campbell participou por meio de debates durante a composição de alguns dos episódios, analisando os personagens presentes nas histórias. O mitólogo, além de discutir acerca do conteúdo dos filmes, assistiu às películas diversas vezes e analisou, cuidadosamente, o perfil dos personagens, retomando excertos dos filmes para exemplificar sua teoria em palestras e entrevistas.

---

[155] *Star Wars* (no Brasil, traduzido como *Guerra nas Estrelas*) aborda a transição histórica numa galáxia muito distante onde ocorre a queda da República Galáctica e a implantação do Império Galáctico sob o comando do senador Palpatine (Lorde Sith). Os acontecimentos relatados em *Star Wars* ocorrem numa galáxia fictícia. Cada filme é acompanhado de um pequeno texto de abertura que contextualiza a história no universo *Star Wars*. A narrativa começa com a expressão: "Há muito tempo, numa galáxia muito, muito distante...", numa clara alusão ao "Era uma vez..." dos contos de fadas. Cf. <www.starwars.com> Acesso em: 15 abr. 2012.

Cartazes dos filmes da primeira trilogia *Star Wars* nos Estados Unidos e no Brasil.

Cartazes dos filmes da segunda trilogia *Star Wars* nos Estados Unidos e no Brasil.

Fonte: *Star Wars* site oficial.

No artigo intitulado *Guerra nas estrelas: o mito da sociedade moderna*, Santos (2007) explicita detalhes significativos sobre a importância dessa série cinematográfica. Se assistidos sem maior profundidade, os filmes da primeira trilogia não significarão mais do que uma história de aventura ou um conto de fadas, em que o herói salva a princesa das forças das trevas.

Cabe indagar, porém, a razão do grande sucesso de bilheteria alcançado pelos filmes na época em que foram lançados. Um dos motivos foram os efeitos especiais utilizados por George Lucas, que estabeleciam um novo padrão nas películas de ficção científica, bastante avançados para a época. No entanto, seria simplista explicar a existência de milhares de fãs de *Star Wars* espalhados pelo planeta a partir de um avanço tecnológico. A composição das histórias e dos personagens, repleta de simbologia e ligações com aspectos psicológicos, também contribuiu para o sucesso de *Star Wars*. O herói, densamente discutido por Campbell em *O herói de mil faces*, segue sua jornada, cujo início situa-se na etapa denominada de "*chamado à aventura*" e termina na "*ressurreição*".

Antes de prosseguirmos nas relações entre a obra de Campbell e a saga *Star Wars*, é importante dar uma breve explicação sobre o "*chamado à aventura*" e a "*ressurreição*". O *chamado à aventura* acontece quando o herói se depara com um desafio e precisa decidir se o enfrenta ou não. O personagem pode tomar conhecimento de algum problema em sua vida, com sua família, saúde ou trabalho, por exemplo. Tal conflito pode ser interno ou externo, pode ser um drama psicológico a partir do qual ele trava uma verdadeira batalha ambígua interna, dois desejos ou duas necessidades contrárias. Nesse caso, o herói, protagonista, passa a ser o seu próprio antagonista, algo que fará com que lute até o fim, até decidir o que será melhor para ele, até alcançar o que julga ser mais correto para o reencontro de seu equilíbrio. O *chamado à aventura* dá rumo à história e deixa claro qual é o objetivo do herói[156].

A *ressurreição* é uma etapa parecida com a provação suprema, na qual a morte e a escuridão fazem um último esforço desesperado antes de serem finalmente derrotadas. É uma espécie de exame final do herói, que deverá ser posto à prova, mais uma vez, para ver se aprendeu as lições da

---

[156] SANTOS, 2007.

provação suprema. É o momento final da história, quando a tensão está no auge, a hora de descobrir se todo o trabalho do herói, no decorrer da sua jornada, foi mesmo válido. Esse é também o momento em que ele deverá decidir se retorna ao mundo comum, aquele do início da história, ou se permanece no mundo especial[157].

Além da figura do herói-protagonista, há, também, a presença de vários outros personagens arquetípicos: o mentor, o guardião de limiar, o arauto, o camaleão, o pícaro e a sombra. Assim como a utilização de arquétipos em uma narrativa pretende exaltar características básicas de uma determinada personalidade, como um ponto de partida para a parametrização de um personagem, os filmes da saga cinematográfica também manejam essas ferramentas para bem delimitar as funções dramáticas e psicológicas de cada personagem ao longo da trama. A utilização desses símbolos universais criam maior interação e empatia entre os personagens e os espectadores, tornando-os mais acessíveis à compreensão do público e, talvez, isso tenha sido mais um elemento a ensejar o sucesso de *Star Wars*.

Para Jung (2008), arquétipos são fontes de energia que habitam o inconsciente coletivo, o estrato mais baixo da psique humana. Manifestam-se como estruturas psíquicas universais – uma espécie de consciência coletiva expressa em linguagem simbólica[158]. Paolo Francesco Pieri afirma que, na obra junguiana, há uma série de referências explícitas ao termo arquétipo que, de modo genérico, indica o modelo, o exemplar originário[159]. Segundo Pieri, Jung admite ter-se utilizado do termo de Platão. Os arquétipos fazem parte do universo mítico e exprimem-se por meio da arte, dos sonhos, da religião e das patologias da alma.

Joseph Campbell, em *O herói de mil faces*, alerta para a importância de aprender a gramática dos símbolos. "Quando dizemos a uma criança que os recém-nascidos são trazidos pela cegonha, estamos dizendo a verdade por meio de uma expressão simbólica, pois sabemos o que essa grande ave significa. Mas a criança não sabe. Ela escuta apenas a parte deformada

---

[157] SANTOS, 2007.
[158] JUNG, 2008.
[159] PIERI, 2002.

do que dizemos e sente que foi enganada."[160] O aprendizado da linguagem simbólica, assim como o das outras linguagens, revela-se fundamental.

Para Clarissa Pinkola Estés (2005), "a linguagem dos símbolos é a língua materna da vida criativa", pois "ainda que com o tempo nos distanciemos da forma concretista de pensar, à medida que envelhecemos sempre conservamos o pensamento simbólico". Pensar simbolicamente "nos permite inventar, inovar e produzir ideias originais, com resultados muitas vezes surpreendentes". Trata-se da capacidade humana "de imaginar níveis de significação ligados a um único motivo ou ideia"[161].

Segundo Leandro Sarmatz e Luiz Iria (2002), o início da carreira de diretor de George Lucas foi relativamente bem-sucedida, sobretudo com os filmes *THX 1138* (1970), que apresentava uma sombria fantasia futurista, e a comédia adolescente *Loucuras de verão* (1973). Após esses filmes, Lucas começou a fazer anotações sobre mitos e heróis e desenhou as grandes linhas de força de *Star Wars*. Ele pretendia criar uma saga em que fossem mesclados os ensinamentos religiosos inerentes a algumas culturas, com a diversão e a excitação dos filmes de faroeste e de ficção científica do passado[162].

A saga fornece um irresistível modelo de conhecimento interior para muitas pessoas. "Não é difícil ler os episódios de *Star Wars* como contos de sabedoria."[163] Os filmes trabalham com a necessidade de espectadores ouvirem a voz interior, algo como confiar nos instintos que todo Jedi aprende desde criança. Esse tipo de corolário já atraiu muitos detratores, que consideram o trabalho de George Lucas mero "misticismo para as massas". Em entrevista concedida ao jornalista Bill Moyers, Lucas expressa-se: "Eu pus a força para tentar despertar certo tipo de espiritualidade em pessoas jovens, mais uma convicção em Deus do que uma convicção em qualquer sistema religioso"[164].

Ao que tudo indica, conseguiu. A distorção, porém, revela um fundo de verdade: por mais descosida que possa parecer a colcha de retalhos de

---

[160] CAMPBELL, 2000, p. 11.
[161] ESTÉS, 2005, p. 17-18, e *passim*.
[162] SARMATZ; IRIA, 2002, on-line.
[163] YOUNG *apud* SARMATZ; IRIA, 2002.
[164] LUCAS *apud* SARMATZ; IRIA, 2002, on-line.

mitos e a sabedoria religiosa em *Star Wars*, suas ideias têm inspirado muita gente. "A série possui elementos de contos de fadas, dos contos tradicionais e das histórias heroicas", afirma a historiadora belga Muriel Verbeeck, professora de Filosofia da Religião no Instituto Superior de Belas Artes, em Liège, Bélgica, grande fã da saga.[165]

Esse alimento do imaginário apresenta temas fundamentais, que compõem a tradição oral e literária desde a *Ilíada*, a grande epopeia do poeta grego Homero, passando pelas narrativas sobre a busca do Graal e as lendas do Rei Arthur. O principal deles é o mito do herói, encarnado em Luke Skywalker. Campbell acreditava que era possível ensinar e transmitir valores mitológicos ancestrais em novas roupagens para manter presente a essência das antigas mitologias e, assim, preencher o vazio que se apoderou do homem moderno[166], que dedica a maior parte do tempo à aquisição de bens materiais, esquecendo-se completamente de alimentar o espírito.

> No meu atual estágio de vida, venho conhecendo muita gente que descobre que colocou a escada contra a parede errada. Isso porque sua meta de vida se baseava em uma intenção prática: que fazer para ganhar dinheiro? Qual o melhor meio para isso? Como se vive bem? Essas pessoas obtiveram sucesso nesse aspecto, mas descobriram que isso não as satisfazia. Não tinham construído uma vida interior. As pessoas hoje em dia não têm raízes, e elas sentem isso. Deparamo-nos com tal situação em todo lugar, e isso é a consequência de se ter subido a escada que foi apoiada contra a parede errada.[167]

O herói que, no início, é sempre uma pessoa comum, vivendo com parentes comuns, quase nunca seus verdadeiros pais, mas tios ou tutores, começa a despertar da banalidade quando as pessoas que ele mais ama são feridas. A partir dessas circunstâncias familiares, as narrativas sobre heróis logo mostram eventos extraordinários. Esses dramas e aventuras iniciáticas preparam o herói para uma visão mais compassiva do mundo.

A coragem emerge a partir desses eventos trágicos. E isso desde Aquiles, o primeiro grande herói do Ocidente, o impávido guerreiro da *Ilíada*: "A virtude por excelência na Grécia de Homero foi a coragem na

---

[165] VERBEECK *apud* SARMATZ; IRIA, 2002, on-line.
[166] CAMPBELL, 2004.
[167] CAMPBELL, 2004, p. 13-15, e *passim*.

guerra. O herói é, em um sentido comum, o defensor da cidade, e isso ele faz com base na coragem", diz Marco Zingano, professor de Filosofia Antiga na Universidade de São Paulo. "A formação do homem grego compreendia o heroísmo."[168]

Durante séculos, e ainda hoje, os heróis gregos galvanizaram os espíritos dos leitores com aventuras triunfais. Porém, cada época encontra os mitos que respondem às suas indagações mais profundas. No final da Idade Média, os heróis dos romances de cavalaria eram tão internacionais quanto os santos cristãos. E tinham uma característica profana que divindade alguma poderia ostentar: a sedução inapelável.

O mesmo se deu, às vésperas do século XX, com os caubóis da mitologia norte-americana. Habitando terras virgens sem lei, onde o Estado era mais uma figura de linguagem do que uma presença efetiva, esses personagens equilibravam-se na linha tênue que separa o crime da virtude. Mais tarde, ganhariam encarnação cinematográfica em atores como John Wayne, que encantou milhares de fãs ao redor do mundo. Esses e outros personagens parecem permanecer entronizados no panteão do imaginário do século passado.

Qual seria a essência, se houver, do herói e do heroísmo? Para falar na língua de *Star Wars*, seria a estratégia para usar a força. Obi-Wan Kenobi descreve a força como "o que dá poder ao Jedi. É um campo de energia criado sobre todas as coisas. Nos cerca e nos penetra. Mantém a galáxia unida"[169]. Em entrevista a Bill Moyers, Campbell (1998) comenta sobre algumas passagens de *Star Wars*:

> O fato de o poder do mal não estar identificado com nenhuma nação específica, nesta terra, significa que você tem aí um poder abstrato, que representa um princípio, não uma situação histórica específica. A história do filme tem a ver com uma operação de princípios, não com esta nação contra aquela. As máscaras de monstros, usadas pelos atores de *Guerra nas estrelas*, representa a verdadeira força monstruosa, no mundo moderno. Quando a máscara de Darth Vader é retirada, você vê um rosto informe, de alguém que não se desenvolveu como indivíduo humano. O que se vê é uma espécie de fase indiferenciada, estranha e digna de pena. Darth Vader não desenvolveu a própria humanidade. É um robô. É um

---

[168] SARMATZ; IRIA, 2002, on-line.
[169] SARMATZ; IRIA, 2002, on-line.

> burocrata, vive não nos seus próprios termos, mas nos termos de um sistema imposto. Este é o perigo que hoje enfrentamos, como ameaça às nossas vidas. O sistema vai conseguir achatá-lo e negar a sua própria humanidade, ou você conseguirá utilizar-se dele para atingir propósitos humanos? Como se relacionar com o sistema de modo a não o ficar servindo compulsivamente? Não adianta tentar mudá-lo em função das suas concepções ou das minhas. O momento histórico subjacente a ele é grandioso demais para que algo realmente significativo resulte desse tipo de ação. O que é preciso é aprender a viver no tempo que nos coube viver, como verdadeiros seres humanos. Isso é o que vale, e isso pode ser feito mantendo-se fiel aos seus próprios ideais, como Luke Skywalker rejeitando as exigências impessoais com que o sistema o pressiona. *Star Wars* é concebido numa linguagem que fala aos jovens, e isso é o que conta. Ao dizer: "Que a Força esteja com você", Ben Kenobi está falando do poder e da energia da vida, não de intenções políticas programadas. A Força brota de dentro. Mas a força do Império se baseia na intenção de conquistar e comandar. *Guerra nas estrelas* não é apenas uma história de moralidade, o filme tem a ver com os poderes da vida, conforme sejam plenamente realizados ou cerceados e suprimidos pela ação do homem. Certamente Lucas se serviu de padrões mitológicos. O velho que funciona como um conselheiro me faz pensar no mestre de espada japonês. Conheci alguns desses mestres, e Ben Kenobi tem um pouco deles. No Oriente, as técnicas psicológicas são tão desenvolvidas quanto as técnicas físicas, e são indissociáveis. Aquele personagem de *Guerra nas estrelas*, Ben Kenobi, tem essa característica.[170]

A força é descrita por oposições: bem versus mal, luz versus trevas. Eis uma das maiores marcas que a filosofia oriental imprimiu nos pensamentos de George Lucas, que, como tantos californianos, consegue mesclar valores capitalistas com a sabedoria oriental. De acordo com o taoismo, filosofia surgida na China por volta do século III a.C., o Tao (caminho) é a única fonte de força do universo. O equilíbrio do indivíduo é estabelecido quando a força (Ch'i), uma energia que sustenta a vida, flui no corpo e estende-se de forma triunfante e benéfica.

O Oriente é presença constante na narrativa de *Star Wars*. Na mitologia japonesa do século XII, os mestres samurais acreditavam que o melhor para quem buscava a justiça universal era preparar a cabeça e o corpo, a alma e a carne. Yoda, espécie de buda intergaláctico, recende a sabedoria

---

[170] CAMPBELL, 1998, p. 153-155, e *passim*.

dos mosteiros: um verdadeiro mestre paciente e virtuoso, guiando seus discípulos rumo ao caminho dos justos.

Na infância, George Lucas leu avidamente romances de aventuras. Porém, essas leituras não fariam sentido se não tivessem sido ressignificadas muito tempo depois na obra do diretor de *Star Wars*. Foi a partir dessas referências, que Lucas fez-se defrontar com os problemas dos limites entre público e privado, entre valores familiares e ambições individuais. Essa incandescente reflexão sempre fez arder os espíritos humanos – na Terra ou em algum reino sideral. *Star Wars* discute, em meio a suas aventuras, o peso da herança e das ilusões paternas. No fundo, o que está em jogo é o direito de sucessão de uma empresa familiar e a recusa do herdeiro em assumir esse pesado fardo.

Ao refrearem seus impulsos individuais em nome do bem comum, os heróis da saga são obrigados a conviver com a sombra da renúncia, uma dolorosa escolha pessoal. Mesmo a perversidade de Darth Vader tem algo de deliberado autossacrifício. Afinal, quem gostaria de se ver transformado numa espécie de autômato a serviço do mal?

Muitos estudos e pesquisas foram realizados desde 1977 para explicar o êxito de *Star Wars*. Podemos afirmar que a geração de George Lucas reinventou o cinema de aventura. Alguns dos grandes sucessos dos anos 1970 foram filmes densos em metáforas sobre a violência, como *Laranja Mecânica*, de Stanley Kubrick; permeados de lutas fratricidas por um império, como *O Poderoso Chefão*, de Francis Ford Coppola; ou da busca da verdade pela exposição de cruéis relações familiares, como *Chinatown*, de Roman Polanski. Os três filmes mencionados foram dirigidos ao público adulto. Com *Star Wars*, George Lucas parece ter conquistado outro tipo de público – crianças e adolescentes – e transformado o cinema em um importante instrumento de conhecimento humano.

É nesse cenário por ele descortinado, e seguido por Steven Spielberg, que encontra luminosidade a produção da série *Harry Potter*, iniciada em 2001. *Star Wars*, assim como *O Senhor dos Anéis*, não é uma produção dirigida apenas ao Ocidente, nem a um público contaminado pelo espírito hollywoodiano. Essa cosmologia, que está na interface entre ficção científica, contos de fadas e narrativas míticas, expressa mais propriamente as funções do cinema em repor, alimentar e fazer fluir as topologias do imaginário humano, tão empobrecidas, por vezes, pelas tecnociências excessivamente utilitárias e frias.

Edgar Morin abordou a importância desses estoques imaginários para uma refundação da humanidade. Livros como *O cinema ou o homem imaginário* e *As estrelas* retratam a importância da arte cinematográfica para tornar suportável "a insuportável realidade". Como uma caverna, na qual se alterna luz e sombra, real e imaginário, o cinema repõe a linguagem da imaginação, da fantasia e do sonho que é desautorizado pela racionalização do pensamento.[171]

Com *Star Wars*, a obra *O herói de mil faces* ganha o cenário apropriado para uma fabulação da ciência tão bem arquitetada por Joseph Campbell. Na tentativa de decompor sete personagens arquetípicos de *Star Wars*, relaciono, sumariamente, com base nas interpretações de Santos (2007), os arquétipos do herói, do mentor, do guardião de limiar, do arauto, do camaleão, do pícaro e, por fim, da sombra. Vejamos cada um.

Habitualmente, o herói representa um personagem comum, carismático, que deve vencer um desafio. Ao enfrentar desvantagens, aparentemente insuperáveis, consegue, de algum modo, vencer e aprende com sua aventura: esse é um dos sentidos que usualmente captamos nas histórias de heróis. Entretanto, o sentido de tal arquétipo é bem mais amplo do que essa rasa, superficial significação. A princípio, o herói – protagonista da história – é a precípua conexão entre espectador e narrativa. Ao assistirmos a um filme, vemos as coisas por meio dos olhos do herói, alegramo-nos e entristecemo-nos com ele, sofremos, aprendemos e identificamo-nos com tal personagem. Essa identificação ocorre por conta das qualidades que o herói possui e que consideramos admiráveis, fazendo com que queiramos ser como ele. Por meio dele, podemos ver alguns de nossos desejos e problemas, respectivamente, realizados e resolvidos, além de nossas vontades satisfeitas. Ele nos faz acreditar que tudo é possível e, mesmo as adversidades mais complexas, podem ser resolvidas. Heróis são símbolos de esperança, transformação, persistência e determinação. Contudo, apresentam também fraquezas, medos e defeitos –

---

[171] Cf. Edgar Morin em *As estrelas: mito e sedução no cinema* (1989); *O cinema ou o homem imaginário* (1997).

caraterísticas presentes em todos os seres humanos, uma mistura de emoções, dúvidas e apreensões – para que se tornem mais "reais", mais humanos, para facilitar a identificação e a empatia do espectador.

O mentor é, por sua vez, um amigo do herói. É quem dá conselhos úteis para sua jornada e ensina valiosas lições que o fortalecerão no decorrer da história. Joseph Campbell classificava-o como "velho sábio", ainda que não precisasse, necessariamente, ser velho, bastava possuir mais experiência do que o herói em determinados assuntos. O mentor também é responsável por dar presentes ao herói, que lhe serão, posteriormente, de grande valia. Arquétipo fundamental, aparece em um vasto número de histórias na mitologia e em contos de fadas. Em *Cinderela*, a mentora é a fada madrinha, a provedora das roupas apropriadas que permitem a protagonista ir ao baile. Em *Chapeuzinho Vermelho*, a mentora é sua mãe, com o alerta para não falar com estranhos, não andar pela floresta e voltar cedo para casa, devido à ameaça da presença do Lobo Mau.

Na vida real, o arquétipo do mentor pode ser relacionado aos nossos pais, nossos maiores conselheiros, frequentemente baseados em sua própria experiência pessoal. Tais conselhos são proferidos, até mesmo inconscientemente, ao longo de nossa travessia. É por isso que os heróis quase sempre buscam nos mentores um substituto para a figura do pai, uma vez que este não desempenha um papel que lhes supra as necessidades. O mentor é um arquétipo flexível e manifesta-se em vários personagens ao longo das histórias, pois os arquétipos não se resumem a um personagem, mas sim, a uma função por ele desempenhada.

O arquétipo do mentor é fundamental na narrativa de uma boa história. Os mentores fornecem aos heróis motivação, inspiração, orientação e regalias para a jornada. Todo herói é guiado por algo, uma história estará incompleta sem a presença do mentor. Quer se exprima como personagem concreto, quer como um código de conduta interno, esse arquétipo é uma ferramenta valiosa à disposição do escritor.

O guardião de limiar é o arquétipo dos personagens cujo objetivo é proteger a entrada do mundo especial e barrar o ingresso dos indignos. Representam uma versão menor do real perigo que está por vir – o arquétipo sombra. Muitas vezes, estão ligados a essa "sombra" por uma relação financeira (são mercenários) ou por uma relação de subordinação. Na vida real, são as representações dos problemas por nós enfrentados cotidianamente: infelicidades, infortúnios, discussões, desavenças, animosidades etc. Sua função dramática é testar previamente o herói para saber se está realmente preparado para penetrar no mundo especial. O herói, assim, é submetido a um teste físico ou de inteligência ou, ainda, ambos. Se vencer o obstáculo, poderá prosseguir com sua aventura. Um recurso muito utilizado pelo herói para passar pelo guardião de limiar é "entrar na sua pele", adquirindo sua aparência física e enganando-o. O guardião de limiar é alguém ou algo que bloqueia temporariamente a passagem do herói. Pode ser um personagem, uma força da natureza ou um animal, que põe as habilidades do herói à prova. Ultrapassar o guardião de limiar significa que o herói está suficientemente preparado (física e psicologicamente) para a próxima etapa da jornada.

O arauto é o arquétipo que ilustra o desafio do herói. Aquele que avisa que algo está errado e precisa de reparo. Símbolo de uma iminente mudança, comunica ao herói a aproximação de algo súbito e inesperado que lhe provocará grandes mudanças, de forma que não poderá ficar alheio à situação: ou o herói ignora a mensagem do arauto e, posteriormente, sofre as consequências ou se mobiliza para tentar resolver o impasse. Jung afirma que os arautos desempenham a função de chamar à mudança. O chamado pode estar presente em um filme, um livro ou até uma música. O mesmo acontece em nossas vidas, cabendo a nós a decisão de ouvi-lo ou não. A hesitação do herói e, posteriormente, a tomada de decisão é uma situação que provoca empatia e identificação no espectador, visto que tais receios e conflitos podem ser facilmente observados na vida cotidiana de cada um. Nas histórias, o arauto pode ser incorporado por vários personagens, por vezes benévolos, por vezes malévolos e capciosos.

O camaleão é um arquétipo que faz jus ao nome: assim como o lagarto que muda a cor de seu corpo de acordo com o ambiente para camuflar-se e esconder-se do inimigo, o personagem que desempenha esse arquétipo tem como característica principal as mudanças inesperadas, físicas ou psicológicas. Ele muda seu comportamento para adequar-se a uma determinada situação, o que muitas vezes pode ser perigoso ao herói, que, por não conhecer a verdadeira personalidade do camaleão, nunca saberá se ele é, de fato, confiável. A função do camaleão é trazer dúvida e suspense à história.

São projeções do ocultismo que habita em todos nós e que pode vir à tona a qualquer momento. O arquétipo é muito utilizado em filmes de suspense, em que o melhor amigo do herói, ou quem ele menos desconfiava, se revela totalmente diferente do que era no início da narrativa, podendo ser um assassino ou um traidor.

A função primária do pícaro é provocar o riso. Ele nos ajuda a perceber o vínculo comum que temos com os outros, zomba de nossas bobagens e faz com que percebamos nossa hipocrisia por meio de circunstâncias cômicas. Com seu modo quase sempre ingênuo de ver as coisas, nos alerta sobre situações que perpassam do ridículo ao absurdo. O arquétipo pícaro também é responsável pela quebra de tensão da história, aliviando um pouco sua seriedade. Histórias, peças de teatro e filmes de ação podem ser exaustivos emocionalmente, e o público se revigora após uma situação cômica, ganhando fôlego para continuar a prestar atenção. O pícaro não precisa ser necessariamente um personagem humano. Os animais são excelentes representantes desse arquétipo.

Por fim, o arquétipo sombra exprime o lado obscuro e com frequência não manifestado. Psicologicamente, simboliza sentimentos recalcados e os medos que nos habitam. Esse arquétipo constitui o nosso "lado mau", que não queremos projetar, exteriorizar, do qual nos envergonhamos. Por esse motivo, recai nos vilões que possuem propósitos contrários aos do herói e que precisam eliminá-lo para cumprirem suas metas. A função primordial desse arquétipo é atribuir desafios ao herói, de modo que este se fortaleça para superá-los. A sombra pode ser um reflexo negativo do próprio herói, pois comumente é representada por seus traumas e suas culpas em uma história de luta psicológica. A escuridão, a sombra, o soturno são representações simbólicas do mal, da desgraça, da perdição e da morte no mundo ocidental. Às cores também são atribuídas realidades simbólicas; por seu meio, os seres humanos expressam o seu relacionamento emocional com o mundo. O escuro, que não nos permite enxergar a real forma das coisas, torna-se assustador, uma vez que temos medo do desconhecido, do trevoso. Por isso, geralmente, os vilões estão relacionados a tons de ébano, tanto nas vestimentas quanto em seus cenários.

Campbell no Brasil

Joseph Campbell nunca visitou o Brasil, mas se fosse vivo, certamente ficaria feliz com o desdobramento conquistado por sua obra, a cada ano, em diferentes domínios sociais e intelectuais brasileiros. Figuramos entre os países que mais traduziram seus livros. Sua obra é lida e discutida por profissionais de diferentes segmentos: psicólogos, antropólogos, educadores, sociólogos e profissionais das searas linguísticas e midiáticas. Além desses profissionais, estudantes também se ocupam em discutir suas proposições teóricas, tornando o eco de seus conceitos mais fortes.

As ideias desse pensador norte-americano se espalham de forma direta ou secundária na produção da cultura científica brasileira e abrangem as áreas da Educação, Ciências da Comunicação, Filosofia, Comunicação e Semiótica, Letras, Estudos de Multimeios, Ciências da Religião, Educação Física, Estudos Literários, Comunicação e Informação, Ciência Política, Psicologia, Linguística e Letras, Literatura e Crítica Literária e interdisciplinaridade em Ciências Humanas, conforme as designações dos programas de pós-graduação espalhados pelo território nacional. Esse mapeamento, fruto da pesquisa nos arquivos do Banco de Teses da Capes, entre as décadas de 1990 e 2010, demonstra o amplo espectro de uma obra multifacetada que abrange diversos domínios de estudo.

Mesmo que o continente europeu, sobretudo a França, tenha sido o epicentro por onde se irradiou a cultura letrada brasileira[172], é relevante a presença de Joseph Campbell em teses de doutorado e dissertações de mestrado em várias áreas de conhecimento, conforme aludido anteriormente. Ele figura em meio a uma cosmologia de pensadores que fizeram emergir novos marcos teóricos e epistemológicos nas Ciências Humanas e Sociais.

É assim que, ao lado de Joseph Campbell, como estrelas de uma mesma galáxia, surgem nos trabalhos investigados da pós-graduação, em território brasileiro, os nomes de Mikhail Bakhtin (1895-1975), Mircea Eliade (1907-1986), T. S. Eliot (1888-1965), Carl Gustav Jung (1875-1961), Sigmund Freud (1856-1939), Gilbert Durand (1921-2012), Edgar Morin (1921-), Walter Benjamin (1892-1940), Tzvetan Todorov (1939-2017),

---

[172] ALMEIDA, 2003.

James Hillman (1926-2011), Gaston Bachelard (1884-1962), Peter Brook (1938-), Erich Auerbach (1892-1957), Julia Kristeva (1941-), entre outros.

É curioso notar que nas teses de doutorado e nas dissertações de mestrado levantadas no Banco de Teses da Capes não figure o nome de Claude Lévi-Strauss em ligação direta a Joseph Campbell, mesmo que o pensador francês situe-se, seguramente, em uma mesma magnitude na história da ciência ocidental em relação aos estudos míticos e à universalidade da cultura.

Talvez, tal ausência deva-se a uma circulação não generalizada da cultura científica pelos continentes há algum tempo. Pode-se dizer que até a primeira metade do século XX, existia uma barreira quase intransponível entre a cultura científica norte-americana e a europeia, que parece situar em paralelo Joseph Campbell/Claude Lévi-Strauss. Não tenho aqui a pretensão de esclarecer tal fato, o que demandaria outra meta de pesquisa, mas gostaria apenas de enfatizar um distanciamento de dois pensadores que, a julgar pela minha leitura, são tão próximos em alguns dos seus principais argumentos.

Um argumento mais geral poderia levar em conta o fato de que, enquanto Claude Lévi-Strauss empenhou-se na construção do método estruturalista que revolucionou as Ciências Humanas, em especial a Antropologia, Joseph Campbell ateve-se às bases simbólicas, arquetípicas e espirituais presentes nas enunciações míticas das diversas culturas. Essa poderia ser uma resposta parcial e provisória para compreender o paralelismo da disseminação da obra dos dois pensadores. Entretanto, por ora, restrinjo-me a identificar as aproximações e não as causas do paralelismo dessas produções científicas.

Mesmo que este livro não se atenha a observar as simetrias e dissimetrias entre Lévi-Strauss e Campbell, expresso uma intuição de que há muito mais pontos convergentes do que divergentes entre eles. Mesmo que os objetivos deste livro não contemplem uma história das ideias, pode-se aventar a hipótese de que as próprias circunstâncias históricas da circulação da ciência até a metade do século XX, tenha ocorrido de maneira mais tímida.

No artigo *Bem-vinda constelação da desordem: a presença do pensamento francês no Brasil*, temos algumas chaves do cenário da formação intelectual brasileira. Nele, Almeida (2003) identifica, a partir de Gilles Lapouge, as origens da formulação das universidades brasileiras, com destaque para as missões italiana e francesa. É a Europa, portanto, a matriz inicial da nossa formação intelectual. Sem esquecer outras possíveis interferências na nossa formação, parece possível afirmar a existência de uma certa *europeização dos saberes*, conforme a expressão de Serge Latouche (1996).

A presença da missão francesa em São Paulo, entre os anos de 1934 e 1939, com a criação da USP, pode ser considerada um marco no que diz respeito à influência daquela cultura entre nós. Mas não é só. Um elenco, ou mais propriamente uma constelação de teóricos, iluminou as análises dos projetos de pesquisa das teses e dissertações nos cursos de pós-graduação no Brasil nas décadas de 1970-80[173].

> Essa perturbação na ordem do *establishment* do pensamento francês é bem-vinda ao Brasil, mesmo que seja recebida de maneira diferenciada e desigual nos espaços institucionais acadêmicos. Gaston Bachelard, Félix Guattari, Gilles Deleuze, Roland Barthes, Michel Foucault, Cornelius Castoriadis, Roger Bastide, Claude Lévi-Strauss, Pierre Bourdieu, Gilbert Durand, Jean-Paul Sartre, Maurice Godelier, Claude Meilasseaux, Pierre Philippe Rey, Simone de Beauvoir, Georges Balandier, Michel Serres, Marc Augé, Michel Maffesoli, Eugéne Enriquez e Edgar Morin constituem uma constelação de ideias que se infiltra de forma rizomática, sobretudo a partir da década de 70 do século passado, nos centros mais expressivos do conhecimento das humanidades do Brasil, especialmente na pós-graduação nascente. Deve-se registrar, entretanto, que de maneira solitária e anteriormente a esse período, intelectuais brasileiros antenados com a cultura francesa leram, se nutriram e dialogaram com o pensamento francês pós-cartesiano.[174]

A dissonância entre as posturas epistemológicas dos dois grandes mitólogos ocidentais deve-se, entre outros indícios, à compreensão do método na ciência. Em entrevista concedida em 1968 ao Jornal *The Goddard*, Joseph Campbell explicita sua posição oposta à concepção de método de Claude Lévi-Strauss. Falando sobre *metodologias* de incursão na realidade cultural, dirá Campbell: "sou contrário a metodologias porque acho que

---

[173] ALMEIDA, 2003.
[174] ALMEIDA, 2003, p. 29.

determinam o que você vai apreender. Por exemplo, o estruturalismo de Lévi-Strauss"[175].

Para Campbell, as metodologias direcionam o que o pesquisador vai observar e compreender da realidade. É mais adequado, para ele, manter "um olhar aberto aos fatos que estão na sua frente", o que seria impossível se observarmos o mundo a partir de um método *a priori*. Nessa entrevista, Campbell também advoga que "o caminho flexível é o mais apropriado"[176].

Essa incursão do autor em direção a uma reproblematização do método para a apreensão da narrativa mítica tem peso igual em relação ao tratamento detalhado a respeito do tema da bem-aventurança. Não é somente do estruturalismo que Campbell procura afastar-se. Para exemplificar sua proposição, e afirmando que o funcionalismo dos anos 1920/30 estava na moda, ele critica a ausência das "comparações interculturais". A redução a uma compreensão estritamente local impede uma reflexão mais contextualizada das enunciações culturais, segundo ele. Aqui está, portanto, o distanciamento do autor em relação também ao funcionalismo.

O interesse crescente pelos temas abordados na obra de Campbell tem inspirado profissionais de diversas áreas do conhecimento a discutirem as ideias presentes em sua obra. A Associação Palas Athena do Brasil, em São Paulo, ministra seminários e cursos para debater as ideias de Campbell, além de traduzir e publicar seus livros desde a década de 1990. Com o objetivo de dialogar com alguns dos pensamentos do autor, em abril de 2010, participei de três atividades promovidas pela Palas Athena, por ocasião da visita de Robert Walter ao Brasil. Walter foi diretor da Fundação Joseph Campbell (JCF), nos Estados Unidos, criada em 1990 para dar prosseguimento à obra do mitólogo. Jean Erdman, esposa de Campbell, foi a primeira presidente-fundadora da instituição e depois se tornou presidente emérita. Três metas principais orientam as atividades da JCF. A primeira consiste em preservar, proteger e perpetuar o trabalho pioneiro de Campbell no campo da mitologia e da religião comparada. A catalogação e o arquivamento da obra do autor é o principal objetivo da Fundação, além do desenvolvimento, distribuição de novas publicações baseadas em

---

[175] CAMPBELL, 1968.
[176] CAMPBELL, 1968.

sua obra e a garantia dos direitos autorais. A segunda meta consiste na promoção do estudo de mitologia e religião comparada, por meio da implementação de programas de educação mitológica; no apoio e patrocínio de eventos, com o objetivo de ampliar a consciência pública; na doação de trabalhos do acervo de Campbell e na utilização do site da JCF como um fórum de diálogos relevantes. Por fim, a fundação auxilia grupos e pessoas com programas e mesas-redondas mitológicas, que têm como objetivo trazer benefícios espirituais e pessoais à vida dos participantes[177].

Em sua quarta visita ao Brasil, Robert Walter participou de uma intensa agenda de trabalho que envolvia conhecimentos acerca da obra de Campbell. No auditório do Museu de Arte de São Paulo (Masp), palestrou sobre *Mitos, ritos e símbolos em busca de significado – alicerçando a paz*, durante o 79º Fórum do Comitê Paulista para a Década da Cultura de Paz, na noite de 13 de abril de 2010. Walter iniciou sua palestra no Masp caracterizando a paz como a ausência de violência: "A violência representa a quebra de uma conexão, uma ruptura do tecido da vida que produz reações primárias nas pessoas como o medo e a raiva, provocando fugas ou brigas". Segundo Walter, "as pessoas possuem, naturalmente, um impulso violento, mas não o encaram nem falam sobre ele. Raramente reconhecem essa inclinação. Porém, os mitos conseguem fazê-lo. A criação de metáforas, mitos e narrativas modula as atividades cerebrais, ajudando a lidar com esses impulsos básicos"[178]. "Em vez de confrontar esses impulsos inerentes ao ser humano, como raiva e medo, a sociedade terceiriza o controle da violência para a polícia e o exército, e prefere falar sobre o respeito à paz"[179], lamenta.

Robert Walter concluiu sua exposição afirmando que todos os seres humanos têm a necessidade de saber que, em vez de serem simples carregadores de pedras, são "construtores de catedrais", isto é, indivíduos que estão paulatinamente realizando seus sonhos e, por meio deles, alcançando resultados. A função dos mitos é dar sentido à vida, é amenizar as ansiedades pessoais, reconciliando-as com o fato de que o ciclo natural da vida implica em rupturas que dão origem ao novo.

---

[177] Cf. Fundação Joseph Campbell (jcf.org).
[178] Anotações pessoais da palestra *Mitos, ritos e símbolos em busca de significado – alicerçando a paz*, proferida por Robert Walter no Masp. São Paulo, 13 abr. 2010.
[179] Idem.

Na mesma noite da palestra no 79º Fórum do Comitê Paulista para a Década da Cultura de Paz, foi lançada a tradução brasileira do livro *As máscaras de Deus: mitologia criativa*, último volume da tetralogia homônima. Sobre a conclusão do projeto *As máscaras de Deus*, Campbell (2010) afirma:

> Olhando outra vez para os doze anos que passei trabalhando com prazer neste rico e gratificante projeto, concluo que, para mim, seu maior resultado foi a confirmação de uma ideia com a qual me ocupei longa e delicadamente: a da unidade da raça humana, não apenas em termos biológicos, mas também na sua história espiritual, que em toda parte, se manifestou à maneira de uma única sinfonia, teve seus temas apresentados, desenvolvidos, ampliados e revolvidos, distorcidos e reafirmados, para hoje ressoar em uníssono num estrondoso *fortíssimo*, avançando irresistivelmente para uma espécie de portentoso clímax, do qual emergirá o próximo grande movimento. E não consigo ver nenhuma razão para que se suponha que no futuro os mesmos motivos já ouvidos não continuem a ressoar – em novas relações, é claro, mas, mesmo assim, os mesmos motivos. Eles estão todos aqui, nos [quatro] volumes dessa obra.[180]

Durante os dias 16 a 18 de abril de 2010, nas dependências da Associação Palas Athena, no bairro do Paraíso, em São Paulo, Robert Walter ministrou o *workshop Descobrindo os mitos pelos quais vivemos* e discutiu excertos da obra de Campbell. Participei desse *workshop*, e dialoguei, de modo informal, com Walter sobre algumas ideias presentes nos livros de Campbell, além de perguntar como o palestrante despertou para o estudo dos mitos. Walter reafirmou o que já havia dito em visitas anteriores ao Brasil: "Iniciei o meu trabalho com mitos junto ao próprio Campbell, em 1979. Eu ainda trabalhava como produtor, diretor e escritor teatral na Broadway, e dirigia a Royal Shakespeare Company"[181].

A terceira atividade da qual participei na Palas Athena foi o seminário *A jornada da transformação*, também ministrado por Robert Walter, que iniciou a aula discorrendo sobre um tema caro a Campbell: o caminho para a bem-aventurança. "Campbell dizia que a bem-aventurança envolvia três palavras em sânscrito: *sat* (que significa ser), *chit* (consciência) e *anan-*

---

[180] CAMPBELL, 2010, p. 13.
[181] Notas de aulas do *workshop Descobrindo os mitos pelos quais vivemos*, ministrado por Robert Walter na Associação Palas Athena. São Paulo, abr. 2010.

da (bem-aventurança ou arrebatamento). Ele dizia que não sabia bem onde se localizava a consciência ou o ser, mas que decididamente sabia quando estava arrebatado"[182], conclui Walter.

O conferencista comentou que participou de oficinas no Instituto Esalen, na Califórnia, ministradas por Campbell, durante mais de duas décadas, em razão de seu aniversário. Para explicar o motivo que o levava a ministrá-las, Campbell costumava contar que Carl Jung, de repente, percebera o que significava viver um mito e o que significava viver sem ele. Jung perguntou-se: "Que mito estou vivendo?". Percebendo que não sabia, ele se "propôs a descobrir a mitologia pela qual estava vivendo e considerou esta a tarefa mais importante da sua vida"[183]. Em entrevista, Campbell confirma que

> Houve um determinado momento na vida de Jung, quando terminou de escrever a sua primeira grande obra *Símbolos da transformação*, que ele compreendeu o que significava viver com uma mitologia, e o que significava viver sem uma mitologia. Este livro, que Freud não aceitaria, estudava o conjunto das imagens fornecidas por uma mulher mergulhada em profunda psicose. Jung começou por reconhecer as analogias entre as alucinações dela e o imaginário mitológico básico do mundo. Ao terminar esse trabalho Jung começou a se interrogar por qual mitologia estaria vivendo e descobriu que não sabia.[184]

Viver o mito é preciso. Como professor e estudioso dos mitos, Campbell abraçava essa ideia e a colocou em prática nas inúmeras oficinas ministradas no Instituto Esalen ao longo da sua vida, talvez sob influência de Jung, conforme citação mencionada anteriormente.

Mecanismos capazes de desterritorializar os domínios da razão foram sugeridos durante o seminário ministrado por Walter. Acordar as experiências vividas na infância é uma dessas formas: "Lembre-se do que você fazia quando era criança que o enlevava, que criava aquela sensação de que não havia espaço nem tempo. É esta a sensação que se sente quando

---

[182] Notas de aulas do seminário *A jornada da transformação*, ministrado por Robert Walter na Associação Palas Athena. São Paulo, abr. 2010.
[183] CAMPBELL, 2003, p. 81.
[184] Op. cit.

se está em *bliss*"[185]. A tradução da palavra *bliss* para o português é complexa, mas o sentido é o de bem-estar em um nível que transcende o aspecto simplesmente material. Para Phil Cousineau, no conceito campbelliano, "*bliss* representa a busca pelo caminho pessoal, ainda que nele possamos passar por dores, alegrias, sofrimento ou êxtase. *Bliss* é algo que não podemos deixar de fazer, é um chamado"[186].

Mesmo que pareçam intrigantes essas pragmáticas de conhecimento baseadas nos recônditos da espiritualidade humana, seria uma omissão não registrar esse tipo de ressonância que advém da obra de Joseph Campbell. A despeito do diagnóstico feito por antropólogos, psicólogos e teólogos das décadas de 1960-1970 sobre o declínio do interesse pelas questões espirituais, pelos fenômenos da consciência e pelas práticas meditativas, podemos afirmar que as últimas décadas do século passado manifestaram um singular florescimento pelas pesquisas, pelos estudos e pelas experimentações no âmbito da vida interior, inclusive por parte da ciência.

Foi decisiva a contribuição de Joseph Campbell ao tornar acessíveis as mitologias das diversas culturas como sistemas de crenças e valores que permeiam o acontecer humano em todas as dimensões. Para Campbell (2001), as mitologias tradicionais têm quatro funções básicas: mística, cosmológica, social e psicológica. A função da primeira é despertar e sustentar um sentimento de "espanto" diante do mistério da existência. A segunda é oferecer uma cosmologia, uma imagem do universo que abraça o tangível e, ao mesmo tempo, a dimensão que não é avaliável pelos sentidos. A terceira é garantir uma ordem social a fim de integrar, de forma orgânica, cada indivíduo a seu grupo de referência. Por fim, introduzir esse indivíduo nas realidades de sua própria psique, na qual encontrará as vias de sua realização humana[187].

A discussão sobre as quatro funções do mito é recorrente em Campbell. Podemos afirmar que elas entremeam, praticamente, toda a obra do mitólogo. Em várias de suas entrevistas, a ideia matriz sobre as

---

[185] Notas de aula do seminário *A jornada da transformação*, ministrado por Robert Walter na Associação Palas Athena. São Paulo, abr. 2010.
[186] BROWN, 2003, p. 13.
[187] CAMPBELL, 2001.

quatro funções é retomada e ampliada, de modo a alargar a compreensão que tinha sobre a importância das narrativas míticas nas sociedades antigas e as metamorfoses sofridas pelas mesmas funções nas sociedades modernas.

> Cada indivíduo deve encontrar um aspecto do mito que se relacione com sua própria vida. Os mitos têm basicamente quatro funções. A primeira é a função mística – e é disso que venho falando, dando conta da maravilha que é o universo, da maravilha que é você, e vivenciando o espanto diante do mistério. Os mitos abrem o mundo para a dimensão do mistério, para a consciência do mistério que subjaz a todas as formas. Se isso lhe escapar, você não terá uma mitologia. Se o mistério se manifestar através de todas as coisas, o universo se tornará, por assim dizer, uma pintura sagrada. Você está sempre se dirigindo ao mistério transcendente, através das circunstâncias da sua vida verdadeira. A segunda é a dimensão cosmológica, a dimensão da qual a ciência se ocupa – mostrando qual é a forma do universo, mas fazendo-o de uma tal maneira que o mistério, outra vez, se manifesta. Hoje, tendemos a pensar que os cientistas detêm todas as respostas. Mas os maiores entre eles dizem-nos: "não, não temos todas as respostas. Podemos dizer-lhe como a coisa funciona, mas não o que é". Você risca um fósforo – o que é o fogo? Você pode falar de oxidação, mas isso não me dirá nada. A terceira função é a sociológica – suporte e validação de determinada ordem social. E aqui os mitos variam tremendamente, de lugar para lugar. Você tem toda uma mitologia da poligamia, toda uma mitologia da monogamia. Ambas são satisfatórias. Depende de onde você estiver. Foi essa função sociológica do mito que assumiu a direção do nosso mundo – e está desatualizada. Ela se refere aos princípios éticos. As leis da vida, como deveriam ser, na sociedade ideal. Todas as páginas de Jeová sobre que roupas usar, como se comportar diante do outro, e assim por diante, no primeiro milênio antes de Cristo. Mas existe uma quarta função do mito, aquela, segundo penso, com que todas as pessoas deviam tentar se relacionar – a função pedagógica, como viver uma vida humana sob qualquer circunstância. Os mitos podem ensinar-lhe isso.[188]

Campbell (1998) afirma que "o mito é o sonho coletivo, ao passo que o sonho é o mito pessoal". Essa afirmação convida a uma compreensão do mito pelo qual estamos vivendo, suas consequências em nossas escolhas e as aspirações traduzidas em sonhos que aguardam o tempo propício no espaço de nossa consciência. Os mitos, como forças internas da própria

---

[188] CAMPBELL, 1998, p. 32.

psique, não morrem, mas reorganizam-se em novos arranjos por meio do sentido que oferecem à vida em cada época e cultura.

Sincronicidades e afetos

Como uma Fênix, ave mítica que, ao morrer, entrava em autocombustão e renascia das próprias cinzas, Campbell parece ganhar vida pelas vozes de Lia Diskin e Lucia Benfatti durante as entrevistas a mim concedidas na Associação Palas Athena, em São Paulo, em 2011. Após as transcrições, as duas entrevistas foram revistas e acrescidas com detalhes significativos pelas próprias entrevistadas. É importante mencionar que tanto Lia quanto Lucia fizeram parte da equipe de tradutores e revisores técnicos de algumas obras de Joseph Campbell traduzidas no Brasil e publicadas pela Palas Athena Editora.

Uma entrevista com Lia Diskin[189]

Carlos: O primeiro livro de Joseph Campbell que li foi *O poder do mito*, uma bela entrevista de Campbell concedida a Bill Moyers, traduzida e publicada pela Palas Athena, em 1990. Fale um pouco sobre o trabalho da Palas com a tradução dos livros de Campbell, com a difusão de suas ideias no Brasil.

Lia: Primeiramente, seria interessante lembrar que a nossa aproximação com o trabalho de Joseph Campbell foi devido à publicação de três livros de Heinrich Zimmer, um escritor alemão que morreu relativamente jovem, aos 52 anos, em 1943, em plena carreira acadêmica, em pleno desenvolvimento intelectual. Uma capacidade extraordinária de poder ler e traduzir o que chamaríamos de o ideário e a cosmovisão oriental, especificamente a cosmovisão da Índia, para o Ocidente. Joseph Campbell estudou com ele e, quando tomou conhecimento de sua morte, aproximou-se da viúva, Christiana, e manifestou a vontade de poder ver os textos que ele tinha deixado. Zimmer tinha obras não finalizadas, como, por exemplo, *Filosofias da Índia*, que, na minha percepção, é a obra que melhor traduz o

---

[189] Entrevista concedida a Carlos Aldemir Farias na Associação Palas Athena, Alameda Lorena, 355, Jardim Paulista. São Paulo, 24 nov. 2011.

mundo oriental sem deformá-lo e, também, sem infantilizá-lo, para a nossa mentalidade, nossa capacidade de compreensão do mundo e compreensão de realidade. Esse livro não estava pronto. Ainda estava em estado provisório de definição no último capítulo, e Campbell, literalmente, devotou-se para dar conta de todo o conteúdo da obra. No último capítulo, que diz respeito ao tantrismo, ele tomou o trabalho de compilar os apontamentos dos alunos de Zimmer. A partir dessa compilação de apontamentos de aulas, construiu o capítulo *o Tantra*.

Essa foi a minha primeira aproximação e admiração por Joseph Campbell. Considero que foi exaustivo trabalhar com a língua alemã e depois traduzir tudo isso para o inglês, que é extremamente pragmático como língua e parece-me muito mais pobre do que o alemão no campo da filosofia. Não é por acaso que foram as universidades alemãs as primeiras que abrigaram cadeiras que são inscritas como disciplinas tanto na área de linguística quanto na área da própria filosofia.

Então, considero que deve ter sido realmente um trabalho muito exaustivo para o Campbell. Mas a gente vê pela beleza da composição literária, e igualmente pelo detalhamento da bibliografia e das citações das fontes, que Campbell era um fiel e honorável discípulo de Heinrich Zimmer. Foi a partir dessa obra que publicamos *Filosofias da Índia* e duas outras obras que Joseph Campbell também sistematizou, ou seja, deu os últimos retoques. Uma delas chama-se *The King and the Corpse* [O rei e o cadáver], o título de um dos contos. Nós traduzimos esse livro para o português com o título *A conquista psicológica do mal*[190]. Belíssima obra que já não mais transita sobre o Oriente, mas direciona-se ao Ocidente, resgatando todo o ciclo arturiano, o seu ciclo central e algumas passagens ainda de *As mil e uma noites*, bem como lendas do paganismo irlandês. A outra obra que publicamos é *Mitos e símbolos na arte e civilização da Índia*, também extraordinária, de grande contribuição para a compreensão desse macromapa, dessa macrocartografia do universo no centro da Índia.

---

[190] O livro reúne um conjunto de histórias da literatura oriental e ocidental e tem como fio condutor a preocupação comum com o eterno conflito entre o homem e as forças do mal. Heinrich Zimmer comenta as narrativas e desvenda o significado inerente a cada símbolo, aparentemente desvinculado dos demais, e propõe uma unidade filosófica do grupo de mitos. O conjunto de contos assume as mil faces da alma humana para abordar o mal como uma questão fundamental entre os humanos (Nota do entrevistador).

A partir da publicação dessas três obras, conhecemos Joseph Campbell autor, já maduro, no sentido de assumir e organizar seu próprio repertório de ideias e obras. E, então, publicamos a primeira de todas, *O poder do mito*, que veio a ser a maneira com que Joseph Campbell foi catapultado para o cenário popular, após já ter publicado os livros da quadrilogia que constituiu o conjunto da obra *As máscaras de Deus*, cuja escrita do primeiro volume, *Mitologia primitiva*, iniciou-se na década de 1950.

O poder do mito é uma obra tardia, mas que adquiriu uma grande repercussão. Primeiro, porque se trata de um diálogo, ou seja, não é apenas a manifestação de uma reflexão elaborada em um processo em que o conhecimento vai amadurando, amadurando, amadurando e você pode ir acompanhando essa maturação de um inverno, talvez seminal, para uma primavera, um verão em fruto. Por meio desse diálogo, Bill Moyers apresenta uma extraordinária capacidade não apenas de acompanhar o pensamento de Campbell, mas, também, de quase que convidá-lo, quase que desafiá-lo e incitá-lo a entrar em um cenário de reflexões, às vezes como crítica ao monoteísmo, por exemplo. E a extraordinária capacidade que também teve Betty Sue Flowers, e a própria Jacqueline Kennedy Onassis, que pertencia à estirpe editorial da Editora Doubleday que publicou essa obra nos Estados Unidos, em 1988.

O poder do mito é o resumo da transcrição de uma série de encontros na televisão aberta dos Estados Unidos entre Joseph Campbell e Bill Moyers. Foi isso o que aconteceu, temos que ser honestos, foi isso, na certa, que colocou Joseph Campbell no campo do cenário do pensamento mundial. Antes, me arrisco a dizer, era demasiadamente hermético. É a partir do livro *O poder do mito* que vamos encontrar dentro do universo do psicólogo, dos terapeutas formais e informais, todo o chamamento para uma majestosa verdade escondida detrás das roupagens da metáfora, da alegoria, do próprio conceito de mito.

Carlos: *O poder do mito* projeta Campbell para um público mais amplo e populariza as suas ideias?

Lia: Sem dúvida.

Carlos: Como você bem disse, talvez as ideias de Campbell estivessem restritas a um público mais erudito, mais refinado, do ponto de vista do conhecimento. Então, foi muito importante essa entrevista feita por Bill Moyers para projetar a obra de Campbell. Mas essa entrevista acontece quase no fim de sua vida, já que ele morreu em 1987, e esse diálogo foi gravado no início da década de 1980.

Lia: Exatamente. Ele já estava idoso.

Capas do livro *O poder do mito*
(edição norte-americana, 1988; edição brasileira, 1990).

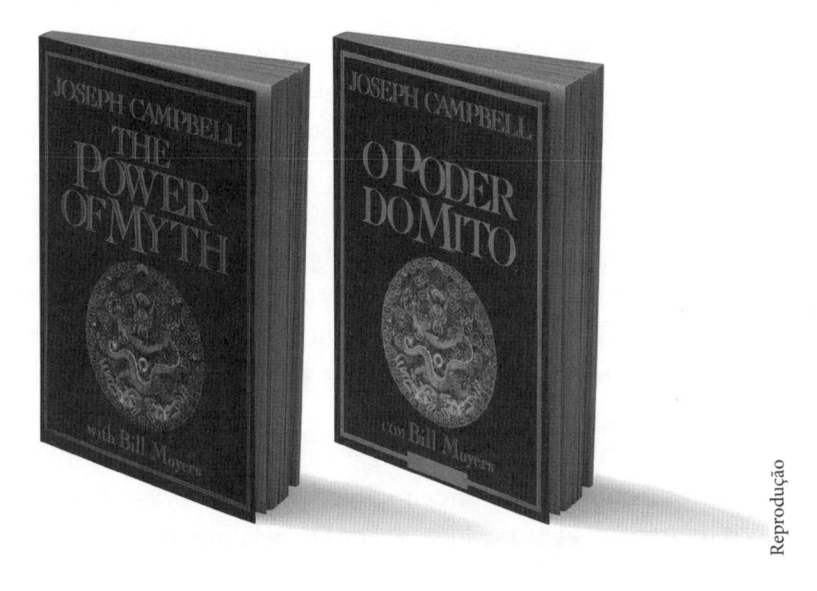

Carlos: Você conheceu Joseph Campbell pessoalmente?

Lia: Nunca. Lastimo não ter tido a sensibilidade de convidá-lo quando começamos a tradução dos livros de Heinrich Zimmer. Nossa aproximação com o pensamento de Campbell foi realmente posterior, quando saiu *O poder do mito*. Ocasião em que, logicamente, nos deparamos com a sua obra maior, *As máscaras de Deus* – um conjunto de quatro volumes traduzidos pela Palas Athena. Era a marca dele. Falamos: "Meu Deus, este é um conhecimento que de maneira nenhuma pode ficar ausente do Brasil ou da população de língua portuguesa". Depois tomamos conhecimento de uma informação importante, por meio de Bob Walter, um de seus discípulos, que hoje é presidente da Fundação Joseph Campbell, nos Estados

Unidos. Bob Walter falou: "Ninguém teve a coragem de comprar os direitos autorais de *As máscaras de Deus* em língua portuguesa". Isso porque é uma obra que precisa passar pela revisão deles, ainda que também nos debrucemos sobre ela. Eu trabalhei nos três primeiros volumes pessoalmente. Já no quarto volume, não tanto quanto gostaria, mas também trabalhei, tentando tornar um pouco mais palatável o acesso às ideias, porque há, na edição original campbelliana, parágrafos que se prolongam por três páginas e, temos que ser honestos, não estamos acostumados a seguir um raciocínio ao longo de três páginas.

Campbell tem a capacidade de começar uma ideia e desdobrá-la, ver como essa ideia foi se revirando e se espelhando em outras culturas, e não estamos acostumados com isso. Tivemos também todo um trabalho de edição para facilitar o entendimento do público, que não é um público especialista na compreensão de uma obra tão vasta. Aliás, a Lucia também trabalhou nos quatro volumes. Ela também trabalhou na revisão de todas as fontes, porque tivemos que alterar algumas que não estavam bem assinaladas. A Lucia se encarregou de rastrear todas as fontes junto com Daniela Moreau, outra magnífica professora daqui da Palas, historiadora. Ela pegou todas as fontes em alemão, visto que tem conhecimento da língua, pegou todas as citações que estão feitas em *As máscaras de Deus* em alemão, sobretudo no terceiro volume, que é *Mitologia ocidental*, que tem muitas citações nessa língua. Foi Daniela quem rastreou todas essas fontes.

Carlos: E Carmen Fischer?

Lia: A Carmen Fischer é a tradutora dos quatro volumes de *As máscaras de Deus*; profissional brilhante. Mas não era uma especialista em mitologia. Ela foi se tornando a partir da pesquisa que foi necessário fazer.

Carlos: Então, essa questão que eu tinha formulado sobre a dificuldade do trabalho de tradução e que precisou de uma equipe: Carmen, Lucia, você, Daniela Moreau...

Lia: Da Daniela Moreau e de um colaborador que hoje está morando na Itália, chamado Elie Karman. Brilhante colaborador, um grande estudioso. Ele é do meio empresarial e financeiro, mas também é um pesquisador de campo, um estudioso de campo.

Carlos: A Palas começou a traduzir a tetralogia *As máscaras de Deus* na década de 1980, logo após a morte de Campbell?

Lia: Não. Acho que um pouquinho depois, já não me lembro, a Lucia deve lembrar. Eu não lembro, mas realmente exigiu muito de nós, no sentido de ter que compreender o que ele estava falando, mas também em tornar esse pensamento denso acessível ao leigo, que jamais teria competência para adentrar. Nesse aspecto, nos sentimos muito felizes e muito gratificados pela utilização da obra de Campbell por psicólogos, antropólogos e outros estudiosos, em suas teses, como no seu caso, mas também em suas terapias, palestras, observações, colóquios, abordagens de pesquisa. É gratificante para nós, porque se tornou compreensível.

Carlos: Campbell sustenta a tese de que os mitos formam a unidade espiritual da espécie humana, pois estão presentes em todas as culturas; que somos universais não apenas pelo biológico, mas também pelo espiritual, porque todos os homens fazem parte do coral dos mitos. Gostaria que você falasse um pouco sobre essa ideia tão presente na obra.

Lia: Campbell foi muito feliz quando conseguiu escrever, de maneira didática, essa composição de que há quatro funções da mitologia. Acredito que isso é de uma felicidade extraordinária, porque praticamente você não vai encontrar nenhuma cultura na qual essas quatro funções inexistam. Você pode falar da mitologia, mas também pode estender para a religião, vivenciada na história até agora, isso é extraordinário. A primeira função é criar uma percepção de que este mundo onde você está é inefável, é um mistério e, por isso, provoca essa percepção de espanto. A segunda função é criar uma cosmologia, uma visão organizada desse universo incomensurável, uma ordem possível de ser compreendida; criar minimamente a concepção de universo, compreensão do espaço que habitamos. E ainda quando se fala na terceira função, a de inserir-nos em um cenário social, ou seja, criar vínculos e relações que, por sua vez, vão nos possibilitar construir uma identidade. Por último, na quarta função, esse espaço íntimo individual, solitário e de consciência, para cada um de nós começarmos a dar significado às coisas. Eu encontro isso na religião, na doutrina espiritual e dentro dos corpos dos universos politeístas, dos universos panteístas, dos universos animistas, dos universos monoteístas e, ainda, naquelas tradições que não têm sequer um Deus como uma proposta aglutinante, caso do budismo. Todas elas têm essas quatro funções. Então, penso que foi uma felicidade extraordinária.

Carlos: E essas quatro funções são recorrentes durante toda a obra dele.

Lia: Durante toda a obra.

Carlos: A Palas traduziu a tetralogia *As máscaras de Deus* e *O poder do mito*. Tem mais algum livro traduzido pela Palas Athena?

Lia: Não. As outras obras de Campbell que me lembro melhor são três: *O herói de mil faces*, *As transformações do mito através do tempo*, ambas publicadas pela editora Pensamento/Cultrix, muito antes de publicarmos *O poder do mito*; e *Mitologia na vida moderna*, publicada pela editora Rosa dos Tempos. Há vários outros livros dele que foram publicados por outras editoras.

Carlos: Eu tenho uma obra de Campbell traduzida no Brasil em 1991. Trata-se do livro *A extensão interior do espaço exterior*, parte da coleção Somma, coordenada pelo escritor Paulo Coelho, na época.

Lia: Não conheço.

Carlos: Fiz um levantamento das traduções de Campbell no Brasil e observei que grande parte da obra dele está traduzida para a língua portuguesa.

Lia: Não acredito! Mais do que o espanhol?

Carlos: Creio que sim.

Lia: Mas que notícia maravilhosa.

Carlos: Falta traduzir o *Atlas Mitológico*.

Lia: O *Atlas* ainda está em um processo de liberação com a Fundação Joseph Campbell devido às imagens; algumas delas já estão desatualizadas, além de terem sido perdidos os fotolitos de outras.

Carlos: Então vai ter que ser um trabalho de fôlego para recuperar as imagens e atualizar.

Lia: Vai ser um trabalho mais do que de fôlego, de coragem.

Carlos: A Palas mantém contato permanente com a Fundação Joseph Campbell, nos Estados Unidos?

Lia: Sim. Por meio do Bob Walter, a quem trouxemos no ano passado, 2010, lembra?

Carlos: Sim. Eu participei do Seminário *A jornada da transformação* e do *workshop Descobrindo os mitos pelos quais vivemos*, ambos ministrados por Robert Walter, em abril de 2010. Fale um pouco sobre esse intercâmbio da Palas com a Fundação.

Lia: Bob Walter é uma pessoa extremamente comunicativa e, na realidade, é um devoto discípulo de Campbell. Ele era um homem de teatro e abandonou absolutamente tudo para dedicar-se à Fundação Joseph Campbell e poder pontilhar tudo o que Campbell deixou, no sentido de passar para uma linguagem acessível. Ele fez toda uma série de filmes, também um pequeno vídeo e um pequeno documentário para poder colocar tudo dentro de um registro. Ele é uma pessoa bastante antenada com as tecnologias digitais de captação e de tratamento de imagens, com as questões de grande velocidade e de transformação por meio da informação. Sem sombra de dúvidas, eu penso, acredito e falo que ele é um abnegado discípulo de Campbell.

Carlos: Em abril de 2010, quando Robert Walter esteve aqui na Palas, ministrando o seminário e o *workshop*, ele comentou sobre um filme que aborda fragmentos da vida de Campbell e apresentou um *trailer*[191]. Recentemente, no verão de 2011, o filme foi lançado nos Estados Unidos. Você tem alguma informação sobre esse filme?

Lia: Ainda não tenho conhecimento. Eu conheço a série *O poder do mito* e *Os mitos na história*.

Carlos: A Palas promove seminários, cursos e palestras com as ideias de Campbell. Fale um pouco sobre esse trabalho.

---

[191] Trata-se do filme-documentário *Finding Joe*, de Patrick Takaya Solomon, exibido nos Estados Unidos em 2011 (Nota do entrevistador).

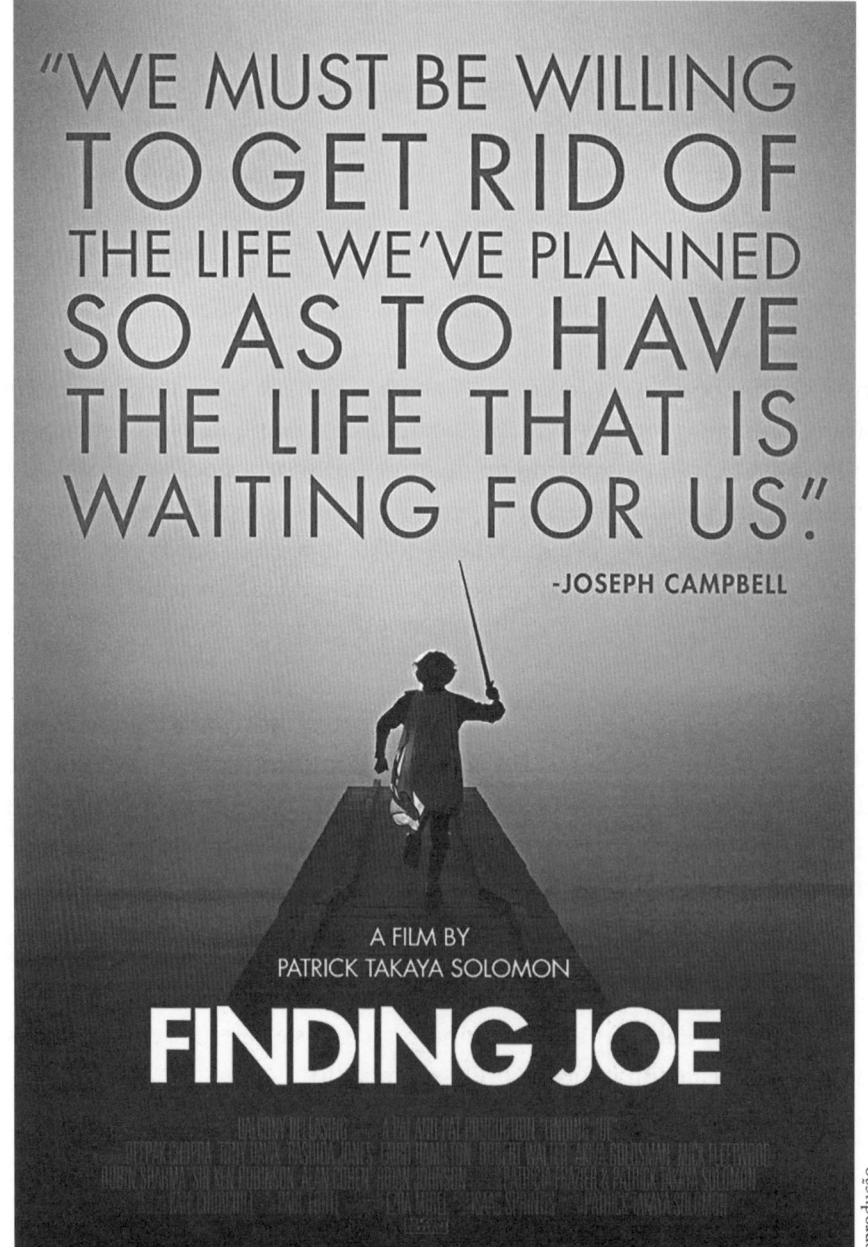

Cartaz de *Finding Joe*.

Lia: Constantemente, essas obras colocam você em um repertório hoje extremamente interessante. Quando você une três macropercepções, que é esta de Joseph Campbell, junto de Humberto Maturana (Biologia) e de Riane Eisler (Ciências Sociais), uma abordagem que, sem sombra de dúvidas, parte de conhecimentos e fontes diversas, você entra em um cenário luminoso. Temos o mundo das Ciências Biológicas e a outra parte das Ciências Sociais. Essa obra é para um seminário, é um divisor de águas, porque, somente há muito pouco tempo, tivemos uma percepção a respeito do passado, e ele, em contato com uma grande arqueóloga grega que também morreu relativamente jovem, Marija Gimbutas, começa a refletir: mas que passado é esse do qual estamos falando? É realmente o passado que ficou ou é um passado filtrado por uma leitura patriarcal? Os museus mostram o que foram as culturas do passado ou o que foi selecionado de acordo com aquilo que produziu a cultura? Essa é uma pergunta muito forte, porque ela, literalmente, está começando a mexer nos alicerces de uma percepção de realidade, uma percepção civilizatória. Ao unir hoje essas três vertentes, temos o acesso a um universo de compreensão, não apenas do passado, mas de uma compreensão do porquê estamos onde estamos; do porquê estamos na situação em que estamos. Sem esses autores, penso que o passado torna-se muito branco e preto, torna-se muito menos rico, consistente, plausível para a consciência que hoje nós possuímos. Não é possível entender o que está acontecendo, por exemplo, neste momento, sobre os recursos naturais do planeta, a não ser que consigamos compreender qual é a lógica do patriarcado, e a lógica do patriarcado exige o sistema e a compreensão da propriedade, da apropriação sem nenhum tipo de limites, de rede, de consideração por nada nem ninguém. Não podemos compreender o que aconteceu em *Wall Street*, com seus investidores, a não ser que entremos, literalmente, no complexo de Zeus e em seu mito complexo. O que aconteceu em 2008, por exemplo? O enredo de alguns acreditarem tão absolutamente no poder e na onipresença, sem ver a repercussão dos seus atos. Quando a meninada hoje está gritando e culpando *Wall Street*, literalmente isso é uma cena mítica, você não pode entender isso a não ser por Campbell, e é como derrotá-la nos circuitos olímpicos pelos mortais.

E tudo isso partiu de uma percepção sistêmica, como propõe Humberto Maturana. Conseguimos ver o que está acontecendo, enxergar o que está acontecendo. O grande problema da nossa época é termos todas essas informações picotadas e não conseguirmos fazer uma sequência. Penso que isso é um grande tripé que nos permite fazer um "filme" e compreender o que está se passando.

Uma entrevista com Lucia Benfatti[192]

Carlos: Lucia, fale da sua experiência de trabalho junto à equipe de revisores técnicos, do conjunto da obra *As máscaras de Deus* de Campbell, e também das suas leituras, discussões e vivências dos cursos que utilizam as ideias de Campbell aqui na Palas Athena.

Lucia: Realizei a revisão de provas das publicações dos volumes 1, 2 e 4 da série *As máscaras de Deus* e de *O poder do mito*. Cuidei de aplicar todas as correções que a revisão técnica fez e acompanhar a revisão página por página em diversas etapas até a finalização da diagramação de cada um desses livros para a impressão. *O poder do mito* foi o primeiro livro do Joseph Campbell que a Palas Athena lançou, ao qual se seguiram os quatro volumes da série *As máscaras de Deus*. Para publicar uma obra de Campbell, é preciso muita pesquisa. Ela traz dados de um patrimônio humano tão amplo e desconhecido que é preciso bastante investigação para saber como é que se traduz. Ele cita uma infinidade de pensadores, história, tradições, literatura, arqueologia, antropologia, psicologia, sociologia, enfim uma cultura de Humanidades extensa, com bibliografias especializadas, que descortinam uma experiência humana que nunca foi apresentada nas escolas e na sociedade em geral. Para mim, foi impactante, porque quando eu tomava contato com tudo isso, causava-me um enorme espanto, fazia-me estremecer (no bom sentido). Então, eu tinha que rever conceitos, era forçada a olhar para uma paisagem ampla e inusitada, e isso era maravilhoso, de tirar o fôlego. A experiência de trabalhar com Campbell foi luminosa, sublime, trabalhosa, uma façanha para mim, um trabalho exigente, mas que fiz do fundo da alma. Não posso dizer que foi feito somente com ale-

---

[192] Entrevista concedida a Carlos Aldemir Farias na Associação Palas Athena, na Alameda Lorena, 355, Jardim Paulista. São Paulo, 24 nov. 2011.

gria, mas com todos os possíveis sentimentos da enormidade do trabalho a realizar, descobertas incríveis, espanto, admiração... Foi algo paradoxal, uma perplexidade ao tomar contato com uma experiência humana vasta. Quando começamos a fazer a revisão do volume *Mitologia primitiva,* vimos que todas as culturas antigas conhecidas presenciaram sacrifícios humanos. E isso era muito difícil de engolir e digerir, você pode imaginar. Nossa tradição ocidental judaico-cristã nunca nos informou sobre esse aspecto da história, acredito que por total ignorância. De nossa própria história ocidental, conhecemos apenas uma pontinha do *iceberg,* mas somos parte desse processo. Subestimamos nosso potencial de violência e descuidamos de cultivar seriamente as melhores habilidades que temos para diminuir a virulência dessa herança cultural violenta e ignorante. Acredito que subestimamos tanto a violência cultural que nos habita quanto nosso potencial de não violência, assim como as experiências de uma dimensão sublime, ou sagrada, ou ainda estética. Conhecer a obra de Campbell reforçou ao grau máximo as perguntas: O que somos? Onde estamos? Sem nenhum tipo de imposição ou favorecimento de uma visão ou ponto de vista. Campbell não impõe, ele mostra, isso é fabuloso.

Carlos: A leitura da obra é transformadora?

Lucia: Sim, nunca mais fui a mesma, no melhor sentido da expressão. Há um antes e um depois de conhecer a obra campbelliana. É assim também ao conhecer a obra, a vida e o legado de Edgar Morin. Há um antes de Morin e um depois. Admiro o Campbell e o próprio Robert Walter, da Joseph Campbell Foundation. Bob Walter vem ao Brasil desde 1997. Esteve algumas vezes durante a década de 2000, e na última vez em 2010.

Carlos: Ele veio pela quarta vez em 2010.

Lucia: Isso mesmo. Quatro visitas ao Brasil; três vezes pela Palas Athena e uma pela representação da Fundação Joseph Campbell. Foi Ana Figueiredo e outros colaboradores da Fundação que o trouxeram.

Carlos: E Rafael, que fez a tradução do Robert Walter durante o seminário na Palas?

Lucia: Rafael é maravilhoso. Conhece vastamente o pensamento de Campbell, já leu muito, é um campbelliano de coração; sempre fez as traduções do Bob Walter durante suas visitas ao Brasil. É uma pessoa bem forte para fazer esse elo do Campbell com o Brasil. Quero enfatizar que as obras de Joseph Campbell puderam chegar ao Brasil devido a um enorme trabalho voluntário, não remunerado e plenamente profissional, de responsabilidade e compromisso com esse legado, conduzido por Lia Diskin.

Carlos: Lia falou-me, há pouco, que a tradução dos livros de Campbell demandou um trabalho de fôlego, que foi feito o cotejamento das citações em alemão para que as ideias campbellianas ganhassem fluxo para a tradução em português.

Lucia: Essa foi apenas uma parte, ainda que vital, desse trabalho, de uma dedicação sem limites.

Carlos: Lia me disse que exigiu muito traduzir *As máscaras de Deus*.

Lucia: Sim, a única pessoa que conseguiu fazer a revisão técnica foi a Lia, nós tentamos alguns profissionais, mas não deu certo de forma alguma.

Carlos: E sobre as funções do mito que Campbell trata em praticamente todos os livros? A questão é recorrente na obra inteira, vai e volta e ele fala sobre as quatro funções.

Lucia: O que ficou gravado em mim das funções do mito é: ele organiza a nossa experiência, nos dá uma ressonância para contatarmos conteúdos profundos que a nossa cultura normalmente não nos oferece, são aqueles conteúdos que tratam da nossa existência por inteiro. Para mim é isso que salta aos olhos da função do mito. Além de ele criar no campo social ritos coletivos importantes, pessoalmente, também organiza cada um de nós, no sentido de acessar forças que o nosso velho paradigma ocidental debilitou e não nos permitiu acessar. Penso que o mito nos põe em contato com o sublime, o "tremendo" – como diz Campbell – o maravilhoso, o espantoso, que é preciso acessar, e não subestimar. Criar uma cultura que tenha consciência das forças tremendas que existem em nós, para que possamos dialogar com elas, nos reconciliar com algumas, saber da sua existência e saber como nos organizamos para fazer bem a nós mesmos e aos outros, amadurecendo em nossos relacionamentos, ambientes sociais e familiares, não subestimando a natureza humana.

Carlos: Lucia, você gostaria de registrar algo que considere importante e que eu não tenha perguntado?

Lucia: Campbell é um mestre eterno para mim. Só me traz coisa boa. Ouvir a sua voz, que ficou registrada no documentário *O poder do mito*, uma série de entrevistas gravadas no Rancho Skywalker, de George Lucas, permite entrar em contato com uma dimensão humana que não é comum, é rara, por não estar disseminada na sociedade. Toda a divulgação dessa obra vai abrindo as frestas para esse acesso. Bob Walter diz que Campbell dedicou-se integralmente ao trabalho a vida toda, o que ele fazia além de estar com essa obra em constante gestação, além de dar aulas, era nadar em um clube de Nova York. Ele fazia isso para manter-se fisicamente apto e atendia a poucos compromissos sociais. Em um apartamento pequeno em Nova York, gestou sua obra; depois se mudou para o Havaí, de onde era sua esposa, Jean Erdman, mas sempre se manteve concentrado, focado. Lia sempre afirma que não existirão mais homens do calibre de Joseph Campbell, com uma obra tão magnífica, e de outros, como Carl Gustav Jung ou Mircea Eliade, porque o ritmo de hoje é outro. Eles foram pensadores que conseguiram devotar um tempo imenso de suas vidas para construir uma obra magnífica, coisa que o nosso tempo não favorece mais.

Carlos: Você tem alguma informação se Campbell teve filhos no casamento com Jean Erdman? Em todos os livros que li, não encontrei essa informação. Creio que o casal não deixou herdeiros.

Lucia: Creio que eles não tiveram filhos. Não li *A jornada do herói*, sua biografia escrita e compilada por Phil Cousineau, uma bela obra, que foi traduzida com esmero por Cecília Prada e revisão técnica de Ana Figueiredo. Acredito que lá todos esses dados estão registrados. Gosto muito de um livro que se chama *Reflections of the Art of Living* [*Reflexões sobre a arte de viver*], compilado por Diane Osbon, uma seguidora de Campbell. Ela retirou os fragmentos presentes nessa obra de vários depoimentos dele em seminários, palestras, trechos de seus livros. Esses registros preciosos nos auxiliam a ampliar nossa paisagem e a reunir coisas belas sobre a vida e nosso patrimônio humano. É muito inspirador. Gosto particularmente de um dos testemunhos dele, quando conta que ficou dois anos em Woodstock só lendo para se encontrar.

Carlos: Quando ele voltou da Europa, em plena crise econômica, em 1929, ficou basicamente estudando e fazendo anotações durante um período de mais ou menos cinco anos. No livro *A jornada do herói* ele fala sobre isso.

Lucia: Ele alugou uma cabaninha em Woodstock (New York), antes de a cidade ser mundialmente conhecida. Lá ele ficou fazendo uns bicos para ter dinheiro e para se manter da forma mais simples possível, para ter o restante do tempo dedicado a ler todos os clássicos da literatura, com a finalidade de "encontrar-se". E conta que, de fato, "se encontrou". Antes ele não sabia o que iria fazer na vida, foram essas leituras que lhe deram "o norte". Grandes clássicos da literatura o remetiam a outras leituras, então ele leu um conjunto conectado, como um holograma, livros que completavam outros. Foram as grandes obras da literatura que lhe deram a compreensão do que ele buscava.

Iconografia

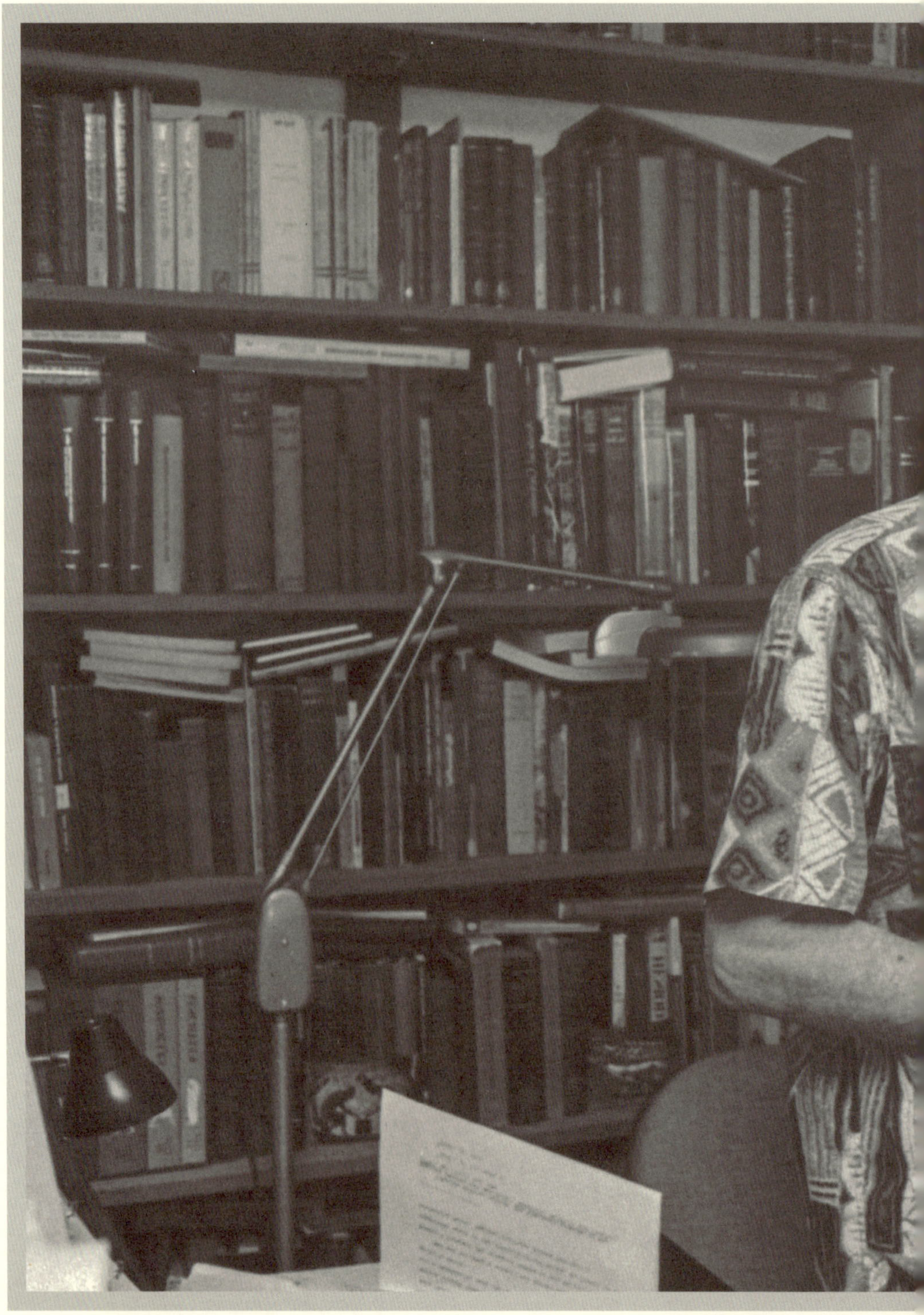

© Joseph Campbell Foundation (jcf.org). Used with permission.

© Joseph Campbell Foundation (jcf.org). Used with permission.

© Joseph Campbell Foundation (jcf.org). Used with permission.

© Joseph Campbell Foundation (jcf.org). Used with permission.

© Joseph Campbell Foundation (jcf.org). Used with permission.

© Joseph Campbell Foundation (jcf.org). Used with permission.

© Joseph Campbell Foundation (jcf.org). Used with permission.

© Joseph Campbell Foundation (jcf.org). Used with permission.

© Joseph Campbell Foundation (jcf.org). Used with permission.

Referências

ALLISON, Nancy. Jean Erdman, choreographer and theater director, dies at 104. *Dance Magazine*. May 06, 2020. Disponível em: https://www.dancemagazine.com/jean-erdman-choreographer-and-theater-director-dies-at-104-2645934093.html. Acesso em: 01 set. 2020.

ALMEIDA, Maria da Conceição de. Bem-vinda constelação da desordem: a presença do pensamento francês no Brasil. In: *Revista Famecos*. n. 20. Porto Alegre: EDIPUCRS, abr. 2003. p. 26-33.

ALMEIDA, Maria da Conceição de. *Complexidade, saberes científicos, saberes da tradição*. São Paulo: Ed. Livraria da Física, 2010 (Coleção Contextos da Ciência).

ANTOINE BOURDELLE (1861-1929). *Esculturas*. Catálogo da Exposição realizada na Pinacoteca de São Paulo de 9 de março a 24 de maio de 1998. Curadoria Véronique Gautherin. Rio de Janeiro: Fundação Casa França-Brasil, 1998.

ARMSTRONG, Karen. *Breve história do mito*. Trad. Celso Nogueira. São Paulo: Companhia das Letras, 2005.

ASTON, Margaret. *The Renaissance Complete* [A Renascença completa]. London: Thames & Hudson, 1996.

ATLAN, Henri. *O livro do conhecimento*. As centelhas do acaso e a vida. Tomo I – conhecimento espermático. Trad. Maria Ludovina Figueiredo. Lisboa: Instituto Piaget, 2000 (Epistemologia e sociedade, 142).

ATUALIDADE DO MITO. Trad. Carlos Arthur R. do Nascimento. São Paulo: Livraria Duas Cidades, 1977 (Coletânea de artigos publicados na Revista francesa *Esprit*, ed. orig. 1971).

AUGUSTO, Sérgio. *E foram todos para Paris*. Um guia de viagem nas pegadas de Hemingway, Fitzgerald & Cia. Rio de Janeiro: Casa da Palavra, 2011.

BARBOSA, Ana Mae. *John Dewey e o ensino da arte no Brasil*. 3. ed. São Paulo: Cortez, 2001.

BENFATTI, Lucia. Entrevista concedida a Carlos Aldemir Farias da Silva sobre Joseph Campbell. Associação Palas Athena, São Paulo, 24 nov. 2011. Gravador de voz digital. Áudio de 43 min.

BOA, Fraser; CAMPBELL, Joseph. *E por falar em mitos...* Conversas com Joseph Campbell. Trad. Marcos Malvezzi Leal. Campinas: Verus, 2004. (Entrevista concedida a Fraser Boa). (ed. orig. 1989).

BURKERT, Walter. *Mito e mitologia*. Trad. Maria Helena da Rocha Pereira. Lisboa: Edições 70, 2001 (Perspectivas do homem).

BROWN, Stuart L. Prefácio. In: CAMPBELL, J. *A jornada do herói*. Joseph Campbell: vida e obra. (Org. Phil Cousineau). Trad. Cecília Prada. São Paulo: Ágora, 2003 (ed. orig. 1990). p. 11-14.

CAILLOIS, Roger. *O mito e o homem*. Trad. José Calisto dos Santos. Lisboa: Edições 70, 1980 (Perspectivas do homem).

CALVINO, Italo. A combinatória e o mito na arte da narrativa. In: LUCCIONI, G. et al. *Atualidade do mito*. Trad. Carlos Arthur R. do Nascimento. São Paulo: Livraria Duas Cidades, 1977. p. 75-80 (Coletânea de artigos publicados na Revista francesa *Esprit*, ed. orig. 1971).

CAMPBELL, Joseph. No final de uma era. *Thot, nº 64*. São Paulo: Palas Athena, 1997. p. 56-60.

CAMPBELL, Joseph; TOMS, Michael. *An Open Life*. Joseph Campbell in Conversation with Michael Toms [Uma vida aberta. Joseph Campbell em conversas com Michael Toms]. (Seleção e edição John M. Maher e Dennie Briggs). New York: Row Perennial Library, 1990 (ed. orig. 1988).

CAMPBELL, Joseph. Prefácio do compilador. In: ZIMMER, Heinrich. *Mitos e símbolos na arte e civilização da Índia*. (Compilado por Joseph Campbell). Trad. Carmen Fischer. São Paulo: Palas Athena, 1989, p. 5-6.

CAMPBELL, Joseph. *Para viver os mitos*. Trad. Anita Moraes. 2. ed. São Paulo: Cultrix, 2001a (ed. orig. 1972).

CAMPBELL, Joseph (Org.). *Mitos, sonhos e religião*: nas artes, na filosofia e na vida contemporânea. Trad. Angela Lobo de Andrade; Bali Lobo de Andrade. Rio de Janeiro: Ediouro, 2001b (ed. orig. 1970).

CAMPBELL, Joseph *et al. Todos os nomes da deusa*. Trad. Beatriz Pena. Rio de Janeiro: Rosa dos Tempos, 1997.

CAMPBELL, Joseph; BOA, Fraser. *E por falar em mitos...* Conversas com Joseph Campbell. Trad. Marcos Malvezzi Leal. Campinas: Verus, 2004. (ed. orig. 1989).

CAMPBELL, Joseph. *Mitologia na vida moderna*. Ensaios selecionados de Joseph Campbell. Seleção Antony van Couvering. Trad. Luiz Paulo Guanabara. Rio de Janeiro: Rosa dos Tempos, 2002b (ed. orig. 1997).

CAMPBELL, J. *A jornada do herói*. Joseph Campbell: vida e obra (Org. COUSINEAU, Phil). Trad. Cecília Prada. São Paulo: Ágora, 2003 (ed. orig. 1990).

CAMPBELL, Joseph. *Mitos de luz*: metáforas orientais do eterno. Trad. Lindbergh Caldas de Oliveira. São Paulo: Madras, 2006 (ed. orig. 2003).

CAMPBELL, Joseph. *O herói de mil faces*. Trad. Adail Ubirajara Sobral. 6. ed. São Paulo: Cultrix/Pensamento, 2000 (ed. orig. 1949).

CAMPBELL, Joseph. *O poder do mito*. Entrevista concedida a Bill Moyers. TV Cultura. 354 min. Legendado. 2006 (Entrevista extra com George Lucas). 2 DVD.

CAMPBELL, Joseph. *O poder do mito*. 16. ed. (Org. Betty Sue Flowers). Entrevista concedida a Bill Moyers. Trad. Carlos Felipe Moisés. São Paulo: Palas Athena, 1998 (ed. orig. 1988).

CAMPBELL, Joseph. *O voo do pássaro selvagem*. Ensaios sobre a universalidade dos mitos. Trad. Ruy Jungman. Rio de Janeiro: Rosa dos Tempos, 1997 (ed. orig. 1969).

CAMPBELL, Joseph. *Reflexões sobre a arte de viver*. Textos selecionados por Diane K. Osbon. Trad. Marcello Borges. São Paulo: Gaia, 2003 (ed. orig. 1991).

CAMPBELL, Joseph. *A extensão interior do espaço exterior*: a metáfora como mito e religião. 2. ed. Trad. Waltensir Dutra. Rio de Janeiro: Campus, 1991 (Série Somma). (ed. orig. 1986).

CAMPBELL, Joseph. *A imagem mítica*. 2. ed. Trad. Maria Kenney; Gilbert E. A. Adams. Campinas: Papirus, 1999a (ed. orig. 1974).

CAMPBELL, Joseph. *As máscaras de Deus*: mitologia primitiva. vol. 1. 5. ed. Trad. Carmen Fischer. São Paulo: Palas Athena, 2000 (ed. orig. 1959).

CAMPBELL, Joseph. *As máscaras de Deus*: mitologia oriental. vol. 2. Trad. Carmen Fischer. São Paulo: Palas Athena, 1999b (ed. orig. 1962).

CAMPBELL, Joseph. *As máscaras de Deus*: mitologia ocidental. vol. 3. 3. ed. Trad. Carmen Fischer. São Paulo: Palas Athena, 2004 (ed. orig. 1964).

CAMPBELL, Joseph. *As máscaras de Deus*: mitologia criativa. vol. 4. Trad. Carmen Fischer. São Paulo: Palas Athena, 2010 (ed. orig. 1968).

CAMPBELL, Joseph. *As transformações do mito através do tempo*. 2. ed. Trad. Heloysa de Lima Dantas. São Paulo: Cultrix, 1993 (ed. orig. 1990).

CAMPBELL, Joseph. *Mito e transformação* (Org. David Kudler). Trad. Frederico N. Ramos. São Paulo: Ágora, 2008 (ed. orig. 2004).

CAMPBELL, Joseph. Uma entrevista com Joseph Campbell. *The Goodard Journal*. vol. 1, n. 4, 9 de junho de 1968. Disponível em: <http://monomito.wordpress.com>. Acesso em: 03 out. 2007 (sem indicação do tradutor).

CAMPBELL, Joseph. *Isto és tu*. Redimensionando a metáfora religiosa. Seleção e prefácio Eugene Kennedy. Trad. Edson Bini. São Paulo: Landy, 2002a (ed. orig. 2001).

CAMPBELL, Joseph. *Tu és isso*. Transformando a metáfora religiosa. Editado e prefaciado por Eugene Kennedy. Trad. Marcos Malvezzi Leal. São Paulo: Madras, 2003 (ed. orig. 2001).

CARVALHO, Edgard de Assis. *Enigmas da cultura*. São Paulo: Cortez, 2003 (Questões da Nossa Época, 99).

CHEVALIER, Jean; GHEERBRANT, Alain. *Dicionário de símbolos*. Mitos, sonhos, costumes, gestos, formas, figuras, cores, números. 16. ed. rev. e aument. Trad. Vera da Costa e Silva; Raul de Sá Barbosa; Angela Melim e Lúcia Melim. Rio de Janeiro: José Olympio, 2001.

CORBIN, Henry; ELIADE, Mircea. *À propos des Conférences Eranos* [A propósito das Conferências Eranos]. Ascona: Tip. Bettini & Company, 1968. Disponível em: <http://pt.scribd.com/doc/49032215/CORBIN-H-et-ELIADE-M-A-propos-des-Conferences-Eranos-Ascona-Tip-Bettini-Co-1968>. Acesso em: 20 jan. 2010.

DARWIN, Charles. *A expressão das emoções no homem e nos animais*. Trad. Leon de Souza Lobo Garcia. São Paulo: Companhia da Letras, 2009 (Companhia de Bolso).

DARWIN, Charles. *Autobiografia, 1809-1882*. 2. reimp. Trad. Vera Ribeiro. Rio de Janeiro: Contraponto, 2009.

DARWIN, Charles. *A origem das espécies*. Trad. Daniel Moreira Miranda. Prefácio, revisão técnica e notas de Nelio Bizzo. São Paulo: Edipro, 2019. (ed. orig. 1859).

DODDS, Eric R. *Os gregos e o irracional*. Trad. Paulo Domenech Oneto. São Paulo: Escuta, 2002.

DISKIN, Lia. Entrevista concedida a Carlos Aldemir Farias da Silva sobre Joseph Campbell. Associação Palas Athena, São Paulo, 24 nov. 2011. Gravador de voz digital. Áudio de 56 min.

ELIADE, Mircea. *Mito e realidade*. Trad. Pola Civelli. São Paulo: Perspectiva, 1989 (Coleção Debates).

ELIADE, Mircea. *O mito do eterno retorno*. Trad. Manuela Torres. Lisboa: Edições 70, 2000 (Perspectivas do homem).

ESTÉS, Clarissa Pinkola. A terapia dos contos. In: ESTÉS, Clarissa Pinkola (Org., sel. e prefácio). *Contos dos irmãos Grimm*. Trad. Lia Wyler. Rio de Janeiro: Rocco, 2005. p. 11-29.

FARIAS, Carlos Aldemir. *Alfabetos da alma*: histórias da tradição na escola. Porto Alegre: Sulina, 2006.

FARIAS, Carlos Aldemir. Contar histórias é alimentar a humanidade da humanidade. In: PRIETO, Benita (Org.). *Contadores de histórias*: um exercício para muitas vozes. Rio de Janeiro: SESC; Prieto Produções Artísticas, 2011. p. 18-22.

FARIAS, Carlos Aldemir. Mitos, fábulas e histórias da tradição: para além do tempo e do espaço. In: ALMEIDA, Cleide; PETRAGLIA, Izabel (Org.). *Estudos de complexidade 5*. São Paulo: Xamã, 2012. p. 51-64.

GOMBRICH, Ernest Hans. *A história da arte*. 16. ed. Trad. Álvaro Cabral. Rio de Janeiro: LTC, 1999.

GURNEY, James. *Color and light*: a guide for the realist painter [Cor e luz: um guia para o pintor realista]. Kansas City: Andrews McMeel Publishing, 2010.

HOFFMAN, Edward (Org.). *A sabedoria de Carl Jung*. Trad. Cecília Prada. São Paulo: Palas Athena, 2005.

JUNG, Carl G. (Org.). *O homem e seus símbolos*. 2. ed. especial. Trad. Maria Lúcia Pinho. Rio de Janeiro: Nova Fronteira, 2008.

KELEMAN, Stanley. *Mito e corpo*. Uma conversa com Joseph Campbell. 3. ed. Trad. Denise Maria Bolanho. São Paulo: Summus, 2001.

KENNEDY, Eugene. Prefácio. In: CAMPBELL, Joseph. *Tu és isso*. Transformando a metáfora religiosa. Trad. Marcos Malvezzi Leal. São Paulo: Madras, 2003. p. 9-22.

KUMAR, Satish; WHITEFIELD, Freddie (Org.). *Os 100 maiores visionários do século XX*. Trad. Milton Chaves de Almeida. Rio de Janeiro: Difel, 2011. (ed. orig. 2006).

LARSEN, Stephen. *Imaginação mítica*. A busca de significado através da mitologia pessoal. Trad. Waltensir Dutra. Rio de Janeiro: Campus, 1991 (Série Somma).

LARSEN, Stephen; LARSEN, Robin. *Joseph Campbell*: a fire in the mind. The authorized biography. 2. ed. [Joseph Campbell: um incêndio na mente. Uma biografia autorizada]. Rochester, Vermont: Inner Traditions, 2002. (ed. orig. 1991).

LATOUCHE, Serge. *A ocidentalização do mundo*. Ensaio sobre a significação, o alcance e os limites da uniformização planetária. 2. ed. Trad. Celso Mauro Paciornik. Petrópolis, RJ: Vozes, 1996.

LÉVI-STRAUSS, Claude. Como morrem os mitos. In: LÉVI-STRAUSS, Claude. *Antropologia estrutural dois*. 4. ed. Trad. Maria do Carmo Pandolfo. Rio de Janeiro: Tempo Brasileiro, 1993 (Biblioteca Tempo Universitário, 45). p. 261-274.

LÉVI-STRAUSS, Claude. *O pensamento selvagem*. 2. ed. Trad. Tânia Pellegrini. Campinas: Papirus, 1997. (ed. orig. 1962).

MANGUEL, Alberto. *A cidade das palavras*. As histórias que contamos para saber quem somos. Trad. Samuel Titan Jr. São Paulo: Companhia das Letras, 2008.

MANGUEL, Alberto; GUADALUPI, Gianni. *Dicionário de lugares imaginários*. 2. reimp. Trad. Pedro Maia Soares. São Paulo: Companhia das Letras, 2009.

MITOLOGIA. *Mitos e lendas de todo o mundo*. Trad. Maria Isaura Morais. Casal do Marco, Seixal: Lisma, 2006 (ed. orig. 2003).

MORIN, Edgar. *As estrelas*. Mito e sedução no cinema. Rio de Janeiro: José Olympio, 1989.

MORIN, Edgar. *O cinema ou o homem imaginário*. Ensaio de antropologia sociológica. Trad. António-Pedro Vasconcelos. Lisboa: Relógio D'Água, 1997. (ed. orig. 1956).

MORIN, Edgar. *O método 3*. O conhecimento do conhecimento. Trad. Juremir Machado da Silva. Porto Alegre: Sulina, 1999.

MORIN, Edgar. *Meus demônios*. 2. ed. Trad. Leneide Duarte e Clarisse Meireles. Rio de Janeiro: Bertrand Brasil, 2000.

MORIN, Edgar. *Introdução ao pensamento complexo*. Trad. Eliana Lisboa. Porto Alegre: Sulina, 2006.

MORIN, Edgar. *O método 1*. A natureza da natureza. 2. ed. Trad. Ilana Heineberg. Porto Alegre: Sulina, 2008.

MORIN, Edgar. *Meus demônios*. 5. ed. Trad. Leneide Duarte e Clarisse Meireles. Rio de Janeiro: Bertrand Brasil, 2010.

MORIN, Edgar; CIURANA, Emilio-Roger; MOTTA, Raúl Domingo. *Educar na era planetária*. O pensamento complexo como método de aprendizagem pelo erro e incerteza humana. Trad. Sandra Trabucco. Revisão técnica Edgard de Assis Carvalho. São Paulo: Cortez; Brasília, DF: UNESCO, 2003.

MORIN, Edgar; Le MOIGNE, Jean-Louis. *A inteligência da complexidade*. Trad. Nurimar Maria Falci. São Paulo: Peirópolis, 2000.

MOYERS, Bill. Introdução. In: CAMPBELL, J. *O poder do mito*. 16. ed. (Org. Betty Sue Flowers). Trad. Carlos Felipe Moisés. São Paulo: Palas Athena, 1998. p. VII-VIII. (Entrevista concedida a Bill Moyers).

PAES LOUREIRO, João de Jesus. *Cultura amazônica*: uma poética do imaginário. São Paulo: Escrituras, 2001 (Obras Reunidas).

PIERI, Paolo Francesco (Dir.). *Dicionário Junguiano*. Trad. Ivo Storniolo. São Paulo: Paulus; Petrópolis: Vozes, 2002.

PROVOOST, Anne. *In the shadow of the ark* [À sombra da arca]. New York: Scholastic, 2004.

QUINN, Daniel. *Ismael*. Um romance da condição humana. Trad. Thelma Médice Nóbrega. São Paulo: Ed. Fundação Peirópolis, 1998.

SANTOS, Daniela Cacuso Bellarde dos. *Guerra nas estrelas:* o mito da sociedade moderna. Disponível em: <http://www.ufscar.br/~cinemais/artestrelas.html>. Acesso em: 30 set. 2007.

SARMATZ, Leandro; IRIA, Luiz. Guerra nas Estrelas, a maior de todas as sagas. Quais são os símbolos e mitos que compõem as aventuras criadas por George Lucas. *Super Interessante* n. 178, julho 2002. Disponível em: <http://super.abril.com.br/cultura/guerra-estrelas-maior-todas-sagas-443105.shtml>. Acesso em: 2 jan. 2012.

SILVA, Carlos Aldemir Farias da. Joseph Campbell: o maestro dos mitos: uma entrevista com Lia Diskin. *EXPERIMENTART*, ano 1, n. 1, jul./dez 2015, p. 61-74.

SILVA, Carlos Aldemir Farias da. *Joseph Campbell*: trajetórias, mitologias, ressonâncias. 2012. 292f. Tese (Doutorado em Ciências Sociais). Pontifícia Universidade Católica de São Paulo. São Paulo, 2012.

SILVA, Carlos Aldemir Farias da. *Literatura como escola de vida:* a propósito das narrativas da tradição. 2003. Dissertação (Mestrado em Educação) Programa de Pós-Graduação em Educação. Universidade Federal do Rio Grande do Norte. Natal, 2003. 2 vol.

SILVA, Carlos Aldemir Farias da. O mito na sociedade moderna. In: CHAVES, Silvia Nogueira; SILVA, Carlos Aldemir Farias da; BRITO, Maria dos Remédios de (Org.). *Cultura e subjetividade*: perspectivas em debate. São Paulo: Ed. Livraria da Física, 2016. p. 17-40. (Coleção Contextos da Ciência).

SILVEIRA, Nise da. *Jung*: vida e obra. 21. ed. Rio de Janeiro: Paz e Terra, 2007 (Coleção Vida e Obra).

SNOW, Charles Percy. *As duas culturas e uma segunda leitura.* Trad. Geraldo Gerson de Souza e Renato de Azevedo Rezende Neto. São Paulo: EDUSP, 1995.

STEIN, Gertrude. *A autobiografia de Alice B. Toklas.* Trad. José Rubens Siqueira. São Paulo: Cosac Naify, 2009 (ed. orig. 1933).

STRAUSS, Frederic. *Conversas com Almodóvar.* Trad. Sandra Monteiro e João de Freire. Rio de Janeiro: Zahar, 2008.

TODOROV, Tzvetan. *A gramática do Decameron.* Trad. Eni Orlandi. São Paulo: Perspectiva, 1982 (Debates). (ed. orig. 1969).

VAN GENNEP, Arnold. *Os ritos de passagem.* Trad. Mariano Ferreira. Petrópolis: Vozes, 2011 (Coleção Antropologia).

VERNANT, Jean-Pierre. *A travessia das fronteiras.* Entre mito e política II. Trad. Mary Amazonas Leite de Barros. São Paulo: EDUSP, 2009.

VERNANT, Jean-Pierre. *Entre mito e política.* Trad. Cristina Murachco. São Paulo: EDUSP, 2002.

VERNANT, Jean-Pierre. *Mito e pensamento entre os gregos.* 2. ed. rev. e aument. Trad. Haiganuch Sarian. Rio de Janeiro: Paz e Terra, 2002.

VERNANT, Jean-Pierre. *O mito e a religião na Grécia antiga*. Trad. Telma Costa. Lisboa: Teorema, 1991 (Coleção Teorema Breve).

VEYNE, Paul. *Acreditavam os gregos nos seus mitos?* Ensaios sobre a imaginação constituinte. Trad. Horácio González; Milton Meira Nascimento. São Paulo: Brasiliense, 1984.

WALTER, Robert. A jornada da transformação. Notas de aulas do Seminário na Associação Palas Athena do Brasil. São Paulo, 2010.

WALTER, Robert. Mitos, ritos e símbolos em busca de significado – alicerçando a paz. 79º Fórum do Comitê Paulista para a Década da Cultura de Paz. Notas da palestra no Museu de Arte de São Paulo (Masp). São Paulo, 2010.

WILKINSON, Philip; PHILIP, Neil. *Guia ilustrado Zahar*: mitologia. Mitos de criação, deuses, heróis, monstros, locais míticos. Trad. Áurea Akemi. Rio de Janeiro: Jorge Zahar, 2008.

YALOM, Irvin. D. *A cura de Schopenhauer*. Trad. Beatriz Horta. Rio de Janeiro: EDIOURO, 2006.

ZIMMER, Heinrich. *Mitos e símbolos na arte e civilização da Índia*. Compilado por Joseph Campbell. Trad. Carmen Fischer. São Paulo: Palas Athena, 1989. (ed. orig. 1946).

FILMOGRAFIA

Star Wars Episódio I. A ameaça fantasma. Duração: 133 min. Gênero: Ficção Científica/Aventura. Dir. George Lucas. Produção: Lucasfilm/Rick McCallum. Estados Unidos. 1999. 1 DVD.

Star Wars Episódio II. Ataque dos clones. Duração: 143 min. Gênero: Aventura/Ficção Científica. Dir. George Lucas. Produção: Lucasfilm. Estados Unidos/Inglaterra. 2002. 1 DVD.

Star Wars Episódio III. A vingança dos Sith. Duração: 140 min. Gênero: Aventura/Ficção Científica. Dir. George Lucas. Produção: Lucasfilm/Rick McCallum. Estados Unidos. 2005. 1 DVD.

Star Wars Episódio IV. Uma nova esperança. Gênero: Ficção Científica/Aventura. Dir. George Lucas. Produção: Lucasfilm/Fox Filme. Estados Unidos/Inglaterra. 1977. 1 DVD.

Star Wars Episódio V. O império contra-ataca. Gênero: Ficção Científica/Aventura. Dir. Irvin Kershner. Produção: Lucasfilm. Estados Unidos/Inglaterra. 1980. 1 DVD.

Star Wars Episódio VI. O retorno de Jedi. Dir. Richard Marquand. Produção: Lucasfilm. Estados Unidos/Inglaterra. 1983. 1 DVD.

Sites

ADORO CINEMA. Site de notícias, sinopses e críticas de filmes. Disponível em: <http://www.adorocinema.com>. Acesso em: 15 out. 2011.

ASSOCIAÇÃO PALAS ATHENA. Centro de Estudos e Cidadania fundado em 1972. Disponível em: <http://www.palasathena.org.br>. Acesso em: 11 jul. 2009.

BUFFALO BILL MUSEUM. <http://www.buffalobill.org>. Acesso: 22 ago. 2011.

CATÁLOGO DE TESES E DISSERTAÇÕES DA CAPES. Disponível em: <https://metadados.capes.gov.br/index.php/catalog/172>. Acesso em: 22 abr. 2011.

ERANOS CONFERENCES. Disponível em: <www.eranos.org>. Acesso em: 8 ago. 2011.

INSTITUTO ESALEN. Centro de terapias naturais e holísticas, e de estudos de Filosofia e Psicologia. Disponível em: <http://www.esalen.org/>. Acesso: 2 ago. 2009.

JOSEPH CAMPBELL FOUNDATION [Fundação Joseph Campbell]. Site oficial: <www.jcf.org>.

SARAH LAWRENCE COLLEGE. Site com fotografias históricas. Disponível em:<http://www.historypin.com/tours/view/id/8314036/title/Sarah%20Lawrence%20College>. Acesso em: 11 maio 2012.

SCIENTIFIC ELECTRONIC LIBRARY ONLINE – SciELO. <http://www.scielo.br>. Diversos acessos entre os anos de 2010 e 2011.

STAR WARS. Site dedicado à série de filmes. Disponível em: <http://www.starwars.com>. Acesso em: 15 abr. 2012.

APÊNDICES

Principais publicações de Joseph Campbell

A cronologia dos quadros, a seguir, apresenta as principais obras de Joseph Campbell em língua inglesa, com os anos de publicações das primeiras edições, título, cidade e editora. Em seguida, apresento as obras editadas por Campbell e, por fim, as traduções brasileiras dos seus livros com os respectivos anos de publicação no Brasil.

Quadro 3 – Cronologia dos principais livros de Joseph Campbell

Ano	Livro
1943	Where the Two Came to Their Father: A Navaho War Ceremonial Given by Jeff King. Bollingen Series I. Com Maud Oakes e Jeff King. Richmond, Virginia: Old Dominion Foundation.
1944	A Skeleton Key to Finnegans Wake. Com Henry Morton Robinson. New York: Harcourt, Brace & Co.
1949	The Hero With a Thousand Faces. Bollingen Series XVII. New York: Pantheon Books.
1959	The Masks of God. Primitive Mythology. New York: Viking Press (vol. 1).

Ano	Livro
1962	The Masks of God. Oriental Mythology. New York: Viking Press (vol. 2).
1964	The Masks of God. Occidental Mythology. New York: Viking Press (vol. 3).
1968	The Masks of God. Creative Mythology. New York: Viking Press (vol. 4).
1969	The Flight of the Wild Gander: Explorations in the Mythological Dimension. New York: Viking Press.
1972	Myths to live by. New York: Viking Press.
1974	The mythic image. Bollingen Series C. Princeton, N.J.: Princeton University Press.
1983	Historical Atlas of World Mythology: vol. 1. The Way of the Animal Powers. Part 1: Mythologies of the Primitive Hunters and Gatherers. Part 2: Mythologies of the Great Hunt. New York: Alfred van der Marck Editions.
1985	The Inner Reaches of Outer Space: Metaphor as Myth and as Religion. New York: Alfred van der Marck Editions.
1988	The Power of Myth. Com Bill Moyers. Betty Sue Flowers (Org.). New York: Doubleday.
1988	The Way of the Seeded Earth. Vol. II. The Way of the Seeded Earth. Part 1: The Sacrifice. New York: Alfred van der Marck Editions.
1989	Historical Atlas of World Mythology. Vol. II. The Way of the Seeded Earth. Part 2: Mythologies of the Primitive Planters: The Northern Americas. New York: Harper & Row Perennial Library.
1989	Historical Atlas of World Mythology. Vol. II. The Way of the Seeded Earth. Part 3: Mythologies of the Primitive Planters: The Middle and Southern Americas. New York: Harper & Row Perennial Library.
1990	An Open Life: Joseph Campbell In Conversation With Michael Toms. John M. Maher and Dennie Briggs (Ed.). New York, NY: Harper Perennial Library.
1990	Transformations of Myth Through Time. New York: Harper & Row.
1990	The Hero's Journey: Joseph Campbell on His Life and Work. Phil Cousineau (Org.). New York: Harper & Row.
1992	Reflections of the Art of Living. A Joseph Campbell companion. Diane K. Osbon (Ed.). New York: HarperCollins.
1993	Mythic Worlds, Modern words: On the Art of James Joyce. Edmund L. Epstein (Ed.). New York: HarperCollins.
1995	Baksheesh & Brahman: Asian Journals – India. Robin e Stephen Larsen e Antony Van Couvering (Ed.). New York: Harper Collins (First edition). 2002 (Second Edition) – Baksheesh and Brahman: Asian Journals – India. Robin e Stephen Larsen e Antony van Couvering (Ed.). Novato, California: New World Library (Series: Collected Works of Joseph Campbell).

Ano	Livro
1997	The Mythic Dimension: Selected Essays 1959-1987. Antony Van Couvering (Org.). New York: HarperCollins.
2001	Thou Art That: Transforming Religious Metaphor. Eugene Kennedy (Ed.). Novato, California: New World Library.
2002	Sake & Satori: Asian journals – Japan. David Kudler (Ed.). Novato, California: New World Library.
2003	Myths of Light: Eastern Metaphors of the Eterna I. David Kudler (Ed.). Novato, California: New World Library.
2004	Pathways to Bliss: Mythology and Personal Transformation. David Kudler (Ed.). Novato, California: New World Library (Series: Collected Works of Joseph Campbell).
2012	Mythic Imagination: Collected Short Fiction (The Collected Works of Joseph Campbell). Robert Walter & David Kudler (Ed.). Novato, California: New World Library, November 2012.
2013	Goddesses: Mysteries of the Feminine Divine (Collected Works of Joseph Campbell). Safron Elsabeth Rossi (Ed.). Novato, California: New World Library.
2015	Romance of the Grail: The Magic and Mystery of Arthurian Myth (The Collected Works of Joseph Campbell). Novato, California: New World Library.
2017	The Ecstasy of Being: Mythology and Dance (The Collected Works of Joseph Campbell). Nancy Allison (Ed.). Novato, California: New World Library.
2020	Correspondence: 1927–1987. Dennis Patrick Slattery and Evans Lansing Smith (Ed.). Novato, California: New World Library.

Quadro 4 - Livros de Heinrich Zimmer editados e completados por Joseph Campbell

Ano	Livro
1946	Myths and Symbols in Indian Art and Civilization. Bollingen Series VI. New York: Pantheon [Edição Brasileira: Mitos e símbolos na arte e civilização da Índia. Trad. Carmen Fischer. São Paulo: Palas Athena, 1989].
1948	The King and the Corpse. Bollingen Series XI. New York: Pantheon [Edição Brasileira: A conquista psicológica do mal. Trad. Marina Telles Americano. São Paulo: Palas Athena, 1989].
1951	Philosophies of India. Bollingen Series XXVI. New York: Pantheon [Edição Brasileira: Filosofias da Índia. Trad. Nilton Almeida Silva, Cláudia Giovani Bozza, Adriana Facchini de Cesare; texto final: Lia Diskin. São Paulo: Palas Athena, 2003].
1955	The Art of India Asia. Bollingen Series XXXIX, 2 vol. New York: Pantheon.

Ano	Livro
1984	Artistic Form and Yoga in the Sacred Images of India (Works by Heinrich Zimmer). Princeton, New Jersey: Princeton University Press.

Quadro 5 – Outros livros editados por Joseph Campbell

Ano	Livro
1951	The Portable Arabian Nights [As mil e uma noites]. New York: Viking Press.
1953	Spirit and Nature [Espírito e Natureza]. Papers from the Eranos Yearbooks. Bollingen Series XXX. 1/Princeton.
1955	The Mysteries [Os Mistérios]. Papers from the Eranos Yearbooks. Bollingen Series XXX. 2/Princeton.
1955	Pagan and Christian Mysteries: Papers from the Eranos Yearbooks. New York City, New York: Harper Torchbooks.
1957	Man and Time [Homem e tempo] Papers from the Eranos Yearbooks. Bollingen Series XXX. 3/Princeton.
1960	Spiritual Disciplines [Disciplinas Espirituais]. Papers from the Eranos Yearbooks. Bollingen Series XXX. 4/Princeton.
1964	Man and Transformation [Homem e Transformação]. Papers from the Eranos Yearbooks. Bollingen Series XXX. 5/Princeton.
1968	The Mystic Vision [A Visão Mítica]. Papers from the Eranos Yearbooks. Bollingen Series XXX. 6/Princeton.
1971	The portable Jung. De C. G. Jung. Trad. R. F. C. Hull. New York: Viking Press.
1977	My Life and Lives. The Story of a Tibetan Incarnation. De Khyongla Rato. New York: E. P. Dutton.
2000	Myths, Dreams, and Religion: Eleven Visions of Connection. New York City, New York: MJF Books.

Quadro 6 – Livros de Joseph Campbell traduzidos no Brasil

Ano	Livro
1990	O poder do mito. Org. Betty Sue Flowers. Entrevista concedida a Bill Moyers. Trad. Carlos Felipe Moisés. São Paulo: Palas Athena.
1991	A extensão interior do espaço exterior: a metáfora como mito e religião. Trad. Waltensir Dutra. Rio de Janeiro: Campus (Série Somma).

Ano	Livro
1993	As transformações do mito através do tempo. 2. ed. Trad. Heloysa de Lima Dantas. São Paulo: Cultrix.
1997	O voo do pássaro selvagem. Ensaios sobre a universalidade dos mitos. Trad. Ruy Jungman. Rio de Janeiro: Rosa dos Tempos.
1997	Todos os nomes da deusa. Trad. Beatriz Pena. Rio de Janeiro: Rosa dos Tempos (Coletânea de textos).
1999	A imagem mítica. 2. ed. Trad. Maria Kenney; Gilbert E. A. Adams. Campinas: Papirus.
1999	As máscaras de Deus – mitologia oriental. Trad. Carmen Fischer. São Paulo: Palas Athena (ed. orig. 1962).
2000	O herói de mil faces. Trad. Adail Ubirajara Sobral. 6. ed. São Paulo: Cultrix/Pensamento.
2000	As máscaras de Deus – mitologia primitiva. 5. ed. Trad. Carmen Fischer. São Paulo: Palas Athena (ed. orig. 1959).
2001	Para viver os mitos. Trad. Anita Moraes. 2. ed. São Paulo: Cultrix.
2001	Mitos, sonhos e religião – nas artes, na filosofia e na vida contemporânea. Organizado por Joseph Campbell. Trad. Angela Lobo de Andrade; Bali Lobo de Andrade. Rio de Janeiro: Ediouro.
2001	Mito e corpo: uma conversa com Joseph Campbell. 3. ed. Entrevista concedida a Stanley Keleman. Trad. Denise Maria Bolanho. São Paulo: Summus Editorial.
2002	Isto és tu – redimensionando a metáfora religiosa. Seleção e prefácio Eugene Kennedy. Trad. Edson Bini. São Paulo: Landy.
2002	Mitologia na vida moderna. Ensaios selecionados de Joseph Campbell. Seleção Antony van Couvering. Trad. Luiz Paulo Guanabara. Rio de Janeiro: Rosa dos Tempos.
2003	Reflexões sobre a arte de viver. Textos selecionados por Diane K. Osbon. Trad. Marcello Borges. São Paulo: Gaia.
2003	Tu és isso: transformando a metáfora religiosa. Editado e prefaciado por Eugene Kennedy Trad. Marcos Malvezzi Leal. São Paulo: Madras (Edição comemorativa do centenário de Joseph Campbell).
2003	A jornada do herói. Joseph Campbell – vida e obra. Organização Phil Cousineau. Trad. Cecília Prada. São Paulo: Ágora.
2004	As máscaras de Deus – mitologia ocidental. 3. ed. Trad. Carmen Fischer. São Paulo: Palas Athena (ed. orig. 1964).
2004	E por falar em mitos... Conversas com Joseph Campbell. Entrevista concedida a Fraser Boa. Trad. Marcos Malvezzi Leal. Campinas: Verus.

Ano	Livro
2006	Mitos de luz – metáforas orientais do eterno. Trad. Lindbergh Caldas de Oliveira. São Paulo: Madras.
2008	Mito e transformação. Organização e prefácio de David Kudler. Trad. Frederico N. Ramos. São Paulo: Ágora.
2010	As máscaras de Deus – mitologia criativa. Trad. Carmen Fischer. São Paulo: Palas Athena.

Quadro 7 – Vídeo

Ano	DVD
2006	O poder do mito. 2 DVDs. Entrevista de Joseph Campbell concedida a Bill Moyers. Publicado pela Logon & TV Cultura. 354 min. Legendado (Entrevista extra com George Lucas).

Quadro 8 – Sobre Joseph Campbell

Ano	Livro
1991	Joseph Campbell: A Fire in the Mind. The Authorized Biography. (Stephen e Robin Larsen). New York: Doubleday.

Quadro 9 – Dissertações e teses que utilizam referências de Joseph Campbell – 1990-2010

Ano	Natureza	Título	Autoria	Área/IES
1995	Dissertação	Concepção de mito: um estudo filosófico	VIANA, Maria da Conceição de O.	Mestrado em Filosofia. Pontifícia Universidade Católica do Rio de Janeiro
1997	Dissertação	Mito: o sagrado no cinema contemporâneo: o caso "Drácula" de F. F. Coppola	BISSON, Mauro Polacow	Mestrado em Multimeios. Universidade Estadual de Campinas
1997	Dissertação	As filhas de Deméter: o cordão umbilical da cosmogonia feminina	PATASSINI, Paola	Mestrado em Comunicação e Semiótica. Pontifícia Universidade Católica de São Paulo

Ano	Natureza	Título	Autoria	Área/IES
1997	Dissertação	A presença de "Inês de Camões" na poesia brasileira: um rito brasileiro para um mito português	MOREIRA, Lúcia Correia Marques de Miranda	Mestrado em Letras. Universidade Estadual Paulista Júlio de Mesquita Filho
1998	Dissertação	O papel do Atleta como herói na sociedade contemporânea (uma relação com a mitologia do Joseph Campbell)	SANT'ANNA, Ana do Amaral Mesquita	Mestrado em Comunicação e Semiótica. Pontifícia Universidade Católica de São Paulo
2002	Tese	Jornada do herói: a estrutura narrativa mítica na construção de histórias de vida em jornalismo	LUDUWIG, Mônica Martinez	Doutorado em Ciências da Comunicação. Universidade de São Paulo
2002	Dissertação	O colar da minha fala (os contos da tradição Sufi)	NAPOLITANO, Samuel	Mestrado em Educação. Universidade de São Paulo
2002	Dissertação	No caminho do mito: um olhar sobre o processo de criação de Nonoberto Nonemorto – grupo andaime de teatro - UNIMEP	SILVA, Simone Cristiane Silveira Cintra	Mestrado em Educação. Universidade Estadual de Campinas
2002	Dissertação	A identidade de Polo-Aquático e o mito da masculinidade	TELLES, Sílvio de Cássio Costa	Mestrado em Educação Física. Universidade Gama Filho
2003	Dissertação	O último voo: Castilho o herói anti-macunaíma do futebol	ALBUQUERQUE, Paulo Fernando Kastrup Pires e	Mestrado em Educação Física. Universidade Gama Filho
2003	Dissertação	Igreja, sociedade e política no Brasil: origem, força e permanência do comunitarismo cristão na Igreja Católica	LEAL, Carmen Imaculada de Brito Almeida	Mestrado em Ciência Política. Universidade Federal de Minas Gerais

Ano	Natureza	Título	Autoria	Área/IES
2003	Dissertação	O soldado do inferno: um estudo sobre a simbologia mítico-religiosa do herói em quadrinhos Spawn	XAVIER, Cristina Levine Martins	Mestrado em Ciências da Religião. Pontifícia Universidade Católica de São Paulo
2003	Tese	A via crucis da alma: leitura mítico-psicológica da trajetória da heroína em As Parceiras, de Lya Luft	RIBEIRO, Maria Goretti	Doutorado em Letras e Linguística. Universidade Federal de Alagoas
2004	Dissertação	The Mage as the Hero: an archetypal study of fantasy literature	PÁDUA, Érika Morais Martins de	Mestrado em Estudos Literários. Universidade Federal de Minas Gerais
2004	Dissertação	Galaaz: a cristianização do herói do Graal	PAZ, Demétrio Alves	Mestrado em Letras. Universidade Federal do Rio Grande do Sul
2004	Dissertação	A narrativa mitológica de Joseph Campbell no filme "Blade Runner"	RIBEIRO, Isaias	Mestrado em Comunicação e Informação. Universidade Federal do Rio Grande do Sul
2004	Tese	Tramas que sustentam transformações: escrita criativa e autodesenvolvimento como aliados na construção de perfis e histórias de vida em jornalismo literário	BOTELHO, Andréa Pacetta de Arruda	Doutorado em Ciências da Comunicação. Universidade de São Paulo
2005	Tese	O imaginário de Fernando Pessoa: da educação cindida à educação sentida	ALMEIDA, Rogério de	Doutorado em Educação. Universidade de São Paulo
2005	Tese	Educação e Orixá: processos educativos no Ilê Axé Iya Mi Agba.	BOTELHO, Denise Maria	Doutorado em Educação. Universidade de São Paulo

Ano	Natureza	Título	Autoria	Área/IES
2006	Dissertação	A mitologia grega na obra o Minotauro de Monteiro Lobato	BRATSIOTIS, Ericka Sophie	Mestrado em Letras. Universidade Presbiteriana Mackenzie
2006	Tese	A condição feminina na sociedade ocidental contemporânea: uma releitura de A letra escarlate de Nathaniel Hawthorne	CABREIRA, Regina Helena Urias	Doutorado Interdisciplinar em Ciências Humanas. Universidade Federal de Santa Catarina
2007	Tese	Marcadores afetivos e inscrições corporais no universo feminino de Lya Luft	TOMAZ, Jerzuí Mendes Torres	Doutorado em Letras e Linguística (Literatura). Universidade Federal de Alagoas
2007	Dissertação	Coisas de menina: análise simbólica da personagem Buffy a Caça-Vampiros	OLIVEIRA, Luísa de	Mestrado em Psicologia Clínica. Pontifícia Universidade Católica de São Paulo
2008	Tese	Os festejos do reinado de Nossa Senhora do Rosário em Belo Horizonte/MG: práticas simbólicas e educativas	ALVES, Vânia de Fátima Noronha	Doutorado em Educação. Universidade de São Paulo
2008	Dissertação	The Journey of the villain in the Harry Potter series: an archetypal study of fantasy villains	FARIA, Paula Soares	Mestrado em Estudos Literários. Universidade Federal de Minas Gerais
2008	Dissertação	2 Filhos de Francisco: um fenômeno de público apoiado no enraizamento cultural brasileiro	GONÇALVES NETTO, Sylvestre Luiz Thomaz	Mestrado em Comunicação. Universidade Paulista
2008	Dissertação	O crepúsculo em Santiago: a jornada do peregrino rumo à religiosidade e à descoberta analítica	GUIMARÃES, Waldinei Comércio de Souza	Mestrado em Ciências da Religião. Pontifícia Universidade Católica de São Paulo

Ano	Natureza	Título	Autoria	Área/IES
2009	Dissertação	A aventura mítica em A canção dos Nibelungos e em O senhor dos Anéis: aproximações e distanciamentos do mito original ao mito contemporâneo	BONEZ, Lucas de Melo	Mestrado em Linguística e Letras. Pontifícia Universidade Católica do Rio Grande do Sul
2009	Tese	Mito e literatura na obra de José Saramago	BARBOSA, Francisco Leandro	Doutorado em Estudos Literários. Universidade Estadual Paulista Júlio de Mesquita Filho
2009	Dissertação	Laços míticos de família: partida, rito e lirismo em Lavoura arcaica	SALLES, Lilian Silva	Mestrado em Literatura e Crítica Literária. Pontifícia Universidade Católica de São Paulo
2009	Dissertação	A benção de um anjo formoso e cruel: o pampa líquido de certo Juvêncio Gutierrez	GOMES, Renato José Bittencourt	Mestrado em Letras. Universidade Federal do Paraná

Fonte: Catálogo de Teses e Dissertações da Capes, abril 2011.

Quadro 10 – Artigos que utilizam referências de Joseph Campbell

Artigos
ARAÚJO, Alberto Filipe; TEIXEIRA, Maria Cecília Sanchez. Gilbert Durand e a pedagogia do imaginário. Letras de Hoje. Porto Alegre, v. 44, n. 4, p. 7-13, out./dez. 2009.
BUCHAUL, Sandra Venâncio Keren. Harry Potter e a jornada do herói: receita do sucesso das literaturas de massa. In: ENLETRARTE. ENCONTRO NACIONAL DE PROFESSORES DE LETRAS E ARTES, 4. Anais... 2009. Campos dos Goytacazes, Rio de Janeiro. p. 1-11. Disponível em: <http://essentiaeditora.iff.edu.br/index.php/enletrarte/article/view/1742/927>. Acesso em: 20 maio 2011.
CARVALHO, Suzete. Inveja. Thot. São Paulo: Palas Athena, s.d. p. 68-81. (pdf).
CUNNINGHAM, Keith. Mitos, sonhos e filmes: explorando as raízes arquetípicas do cinema. Thot. São Paulo: Palas Athena, s.d. p. 11-20. (pdf).
CUNNINGHAM, Keith. Residência na Terra. Thot. São Paulo: Palas Athena, s.d. p. 9-19. (pdf).

Artigos

DAHOUI, Albert Paul. A jornada do herói. p. 1-5. Disponível em: http://www.roteirodecinema.com.br/manuais/jornadadoheroi.pdf. Acesso: 20 maio 2011.

FIALHO, Francisco Antonio Pereira; SILVEIRA, Ermelinda Ganem Fernandes. Consciência e a jornada do herói. In: SIMPÓSIO NACIONAL SOBRE CONSCIÊNCIA, 2. 2007. Salvador. Anais... Salvador: Fundação Ocidente, 2007, 1 CD ROM. p. 1-18.

FRITZEN, Vanessa. Mitos indígenas em Macunaíma, de Mario de Andrade. p. 1-10. Disponível em: <http://www.unifra.br/eventos/inletras2011/Trabalhos/2274.pdf>. Acesso: 20 maio 2011.

GOMES, Vinícius Romagnolli Rodrigues; ANDRADE, Solange Ramos de. Um retorno aos mitos: Campbell, Eliade e Jung. Revista Brasileira de História das Religiões. Maringá, v. 1, n. 3, 2009. p. 1-17. Disponível em: http://www.dhi.uem.br/gtreligiao/rbhr/um_retorno_aos_mitos.pdf. Acesso: 20 maio 2011.

GONZÁLEZ, Ana Maria Mendez. A jornada do herói e os ciclos astrológicos: uma aproximação possível. História, imagem e narrativa. n. 10, abr. 2010, Edição Especial. p. 1-8. Disponível em: http://www.historiaimagem.com.br/edicao10abril2010/astrojornadaheroi.pdf. Acesso em: 20 maio 2011.

GORENDER, Miriam Elza. Batman e o parricídio. Cógito. Salvador, 2001, vol. 3, p. 41-46. Disponível em: <http://pepsic.bvsalud.org/scielo.php?pid=S1519=94792001000100005-&script-sci_arttext> Acesso em: 20 maio 2011.

GUILLAUME, Patrice. Mito: metáfora e magia. Thot. São Paulo: Palas Athena, s.d. p. 20-28. (pdf).

MANERA, Aline Helena; VADICO, Luiz. O vilão-herói de Guerra nas Estrelas. Anagrama. Revista Científica Interdisciplinar da Graduação. ano 5. Edição 1. São Paulo, set./nov. 2011. p. 1-16.

MARIOTTI, Humberto. Culturanálise. Thot. São Paulo: Palas Athena, s.d. p. 27-32. (pdf).

MARTINEZ, Mônica. A estrutura narrativa mítica na construção de histórias de vida em jornalismo. Disponível em: http://www.intercom.org.br/papers/nacionais/2004/errata2003/jornada_heroi.pdf Acesso em: 20 maio 2011. p. 1-13.

MONFARDINI, Adriana. O mito e a literatura. Terra roxa e outras terras. Revista de Estudos Literários. v. 5, 2005. p. 50-61.

OLIVEIRA, Luísa de. A jornada do herói na trajetória de Batman. Boletim de Psicologia. vol. LVII, n. 127. São Paulo, 2007. p. 139-152.

RICÓN, Luiz Eduardo. A jornada do herói mitológico. II Simpósio RPG & Educação. p. 1-4. Disponível em: http://hosted.zeh.com.br/misc/senac/ 4semestre/prj/jornada.pdf. Acesso: 20 maio 2011.

SERBENA, Carlos Augusto. Considerações sobre o inconsciente: mito, símbolo e arquétipo na psicologia analítica. Revista Abordagem Gestalt. vol.16 n.1 Goiânia jun. 2010. p. 76-82. Disponível em: <http://pepsic.bvsalud.org/scielo.php?script=sci_arttext&pid=S1809-68672010000100010 > Acesso em: 20 maio 2011.

SOARES, Maria Lucia de Amorim; PETARNELLA, Leandro. Jornada do herói: a estrutura mítica da construção de história de vida em jornalismo. Revista Elementa. Comunicação e Cultura. Sorocaba, v. 1, n. 2 jul./dez. 2009. (Resenha do livro de Mônica Martinez publicado pela Annablume em 2008).

SOUZA, Luiz Eduardo da Silva e; DELGADO, Victor Delgado. O percurso de Sidarta e o problema da identidade de um estudo transdisciplinar do romance de Hermann Hesse. Psicologia USP. São Paulo, abr./jun. 2008. p. 213-234.

TART, Charles T. A mente aberta. Thot. n. 54. São Paulo: Palas Athena, 1991. p. 4-10. (texto em PDF).

WALTER, Robert. Era uma vez... O ser humano, suas imagens e histórias: um pequeno périplo pelas veredas do imaginário. Thot. n. 66. São Paulo: Palas Athena, 1997, p. 24-28.

YOUNG, Jonathan. O retorno do mito. Guerra nas Estrelas, episódio um: a ameaça fantasmagórica. Thot. São Paulo: Palas Athena, s.d. p. 31-39. (texto em PDF).

O AUTOR

Foto: Leekyung Kim

CARLOS ALDEMIR FARIAS nasceu no litoral sul do Rio Grande do Norte e cresceu em Natal. Chegou em Belém do Pará em 1990, onde completou parte dos estudos e se encantou com a mitologia amazônica. De volta à capital potiguar, deu continuidade à graduação em Ciências Sociais e ao Mestrado em Educação, ambos pela UFRN. Inspirado pelas ideias de Edgar Morin, dedicou-se à docência para formar professores de diferentes campos do saber. Mudou-se para a capital paulista e se doutorou em Ciências Sociais (Antropologia), junto à PUC São Paulo. Confirmando a tese do *mito do eterno retorno*, de M. Eliade, regressou a Belém, onde vive. Professor da UFPA, atua na Licenciatura Integrada e no Programa de Pós-graduação em Educação em Ciências e Matemáticas, na linha de pesquisa Práticas docentes e diversidade. É vice-líder do GPSEM, grupo de pesquisa que produz conhecimento numa perspectiva inter-transdisciplinar. É editor de revistas científicas e coordena uma coleção de livros acadêmicos junto à editora Livraria da Física. Membro efetivo da Associação Brasileira de Antropologia (ABA) e da Associação Nacional de Pós-graduação e Pesquisa em Educação (ANPEd). Em síntese, tem focado sua trajetória acadêmica numa ecologia das ideias dos saberes plurais e complexos.

Obras da Palas Athena Editora
complementares a este livro:

- O PODER DO MITO
  Joseph Campbell e Bill Moyers

- AS MÁSCARAS DE DEUS
  vol. I – Mitologia Primitiva
  vol. II – Mitologia Oriental
  vol. III – Mitologia Ocidental
  vol. IV – Mitologia Criativa
  Joseph Campbell

- DEUSAS – OS MISTÉRIOS DO DIVINO FEMININO
  Joseph Campbell

- A CONQUISTA PSICOLÓGICA DO MAL
  Heinrich Zimmer

- MITOS E SÍMBOLOS NA ARTE E CIVILIZAÇÃO DA ÍNDIA
  Heinrich Zimmer

- FILOSOFIAS DA ÍNDIA
  Heinrich Zimmer

www.palasathena.org.br

Texto composto nas fontes Melior LT Std e Trajano Pro 3.
Impresso em papel reciclato 80gr pela Paym.